COMMENT ACCUEILLIR SON CHIOT

Irvin J. DEFFIEU

COMMENT ACCUEILLIR SON CHIOT

Traitez ses déviances de comportement

Tome 3

Édition : BoD – Books on Demand,
12/14 rond-point des Champs-Élysées, 75008 Paris.
Impression : BoD - Books on Demand, Norderstedt, Allemagne

ISBN : 9782322269310

Dépôt légal : juin 2021

PRÉFACE

Comme on se retrouve ? C'est le troisième et dernier tome de la série « Comment accueillir son chiot étape par étape » et figurez-vous que je ne sais même pas quoi dire dans ma préface, haha ! Syndrome de la page blanche ? Hmm… peut-être. En tout cas, coucher sur papier mes ressentis du moment, et les ancrer à jamais dans ce livre donnera à celui-ci une certaine authenticité. Celle où parfois le doute, le brouillard et la peur de ne pas savoir quoi dire deviennent de puissants carburants pour arriver à ses fins. Et devinez quoi ? Eh bien ça marche ! Voyez comment la préface prend forme…

Enfin bref, l'inspiration revient et ça me rappelle la petite histoire de notre ami Samy ! Hé oui, Samy évolue avec nous depuis le début du tome 1 (peut-être qu'un jour, je ferai une histoire complète de ce petit Samy, qui sait…)

Comment il se porte dans le tome 3 ? Voyons ça ensemble !

Le petit Samy, cheveux au vent, les yeux pétillants, arbore un sourire divin. Oh… qu'il est loin le temps où il se posait des questions sur son avenir. La douceur de sa famille adoptive est telle qu'il ne se soucie plus de rien. Comme tout gamin de son âge, Samy se demande :

"Bien. Je suis un grand maintenant, je peux prendre mes décisions moi-même ! Pourquoi toujours observer ou demander aux parents ? Après tout, il faut bien que j'apprenne et que j'expérimente tout seul un jour, non ?!"

Samy a bien raison, apprendre par soi-même est mère d'expérience.

Durant une longue après-midi d'été, Samy *s'ennuyait*. Ses parents étaient partis en voiture : il manquait du lait, de la confiture, et des œufs.

"Qu'est-ce que je vais bien pouvoir faire de mon après-midi... ?" Se questionnait Samy.

Seul, avec la maison comme terrain de jeu, Samy eut une brillante idée :

"Et si je refaisais le mur du salon ? Il est tout pâle... J'ai de jolis feutres de couleur et en plus, je me débrouille pas mal en dessin !"

Le jeune garçon proche de l'adolescence se mit alors à dessiner de bon cœur, et son sourire laissait imaginer le bonheur qu'il éprouvait dans cette activité.

Une demi-heure plus-tard, le gravier de la cour intérieure de la maison de Samy se mit à crépiter, accompagné d'un moteur qui ronflait de manière plus que bruyante. Samy reconnut ce bruit et se précipita au niveau de la porte : ses parents venaient de rentrer.

En première ligne, se voyant ouvrir la porte par son charmant garçon, sa mère lui demanda : *"Tout s'est bien passé durant notre absence ?"*

Le petit garçon rétorqua en hochant de la tête : *"Oui, maman j'ai une surprise pour toi !"*

"Ha oui ? Laquelle dis-moi ?"

"Je te laisse la découvrir..."

La mère s'avança lentement vers la table du salon pour poser ses quelques courses, avant de lever les yeux vers le mur principal.

"Samy...?!"

Un silence religieux tomba soudains sur la pièce. Le temps se figea à un point tel qu'aucune mouche n'avait le courage de passer dans le salon. Samy le savait… Sa mère aussi. Nul besoin d'explication.

Oulàlà… Samy, pourtant, pensait bien faire.

Comme vous le voyez, du point de vue du petit garçon, il n'y avait rien de grave, mais pas pour sa mère. Que faut-il retenir de cela ?

La réalité de ce monde est différente en fonction des individus. Prenez 2 personnes, mettez-les face à face et tracez au sol un 6 au milieu des 2. L'un verra bien le chiffre 6, tandis que l'autre (à l'opposé) verra le chiffre 9. L'un dira à l'autre qu'il a tort et que c'est lui qui a raison, mais la réalité, c'est que les 2 ont raison. C'est juste une question de perception.

Que ce soit du point de vue de Samy, de sa mère ou de votre toutou, il faut comprendre que la manifestation des comportements déviants se base sur ce simple exemple.

Le comportement de votre chien à un instant "t" est pour lui une manifestation logique, par rapport à ses observations, ressentis ou émotions. Cependant, ça ne l'est pas à vos yeux, et c'est ici que commencent les problèmes. Car ce sont souvent des comportements contradictoires avec la vie domestique.

Votre chien analyse tous vos faits et gestes et s'y adapte pour pouvoir évoluer avec vous. Si déviance il y a, c'est parce qu'il y a eu à un moment ou à un autre, un manque de communication ou d'action entre vous et lui.

La gestion des déviances de comportement est un travail d'observation, parfois de longue haleine, nécessitant patience et maîtrise de soi afin d'arriver au succès. Dans ce troisième tome, je vais vous aider à régler les déviances de comportement de votre chien, notamment lorsque c'est un chien de refuge, mais souvenez-vous d'une chose :

Un problème n'est rien d'autre qu'une opportunité pour apprendre à mieux connaître votre chien. Si actuellement, vous faites face à l'un d'entre eux, sachez que la vie ne met jamais des problèmes que vous ne pouvez pas résoudre en face de vous. Votre réussite est entre vos mains.

CHAPITRE 1 – DÉVIANCES DE COMPORTEMENT : MÉTHODE ET GESTION

INTRODUCTION

La résolution d'un problème comportemental passe par sa compréhension. Avant même de penser à trouver des solutions pour votre chien, vous devez savoir pourquoi ce type de comportement apparaît, quelles en sont les causes, quel est l'état d'esprit à avoir, et de quelle manière aborder le sujet afin de le résoudre. C'est tout l'intérêt de ce chapitre.

LE COMPORTEMENT DÉVIANT : SOURCE, CAUSE, SOLUTION

1- QU'EST-CE QU'UN COMPORTEMENT DÉVIANT ?

Mais qu'est-ce donc que la déviance ? Selon notre cher ami *Wikipédia* :

"La déviance est une notion de sociologie désignant des comportements non conformes aux normes sociales".

Définition fort intéressante. Essayons maintenant de l'intégrer au concept canin. Vous évoluez avec votre chien dans un contexte qualifié de "domestique". Cette sphère domestique est la rencontre entre la communication humaine et canine. Pour que cette zone puisse être harmonieuse, il est nécessaire que l'Homme comme le

Chien puissent respecter certaines règles de vie commune de manière constante. Ils doivent donc adapter leur comportement en conséquence pour que l'un ne froisse pas l'autre et vice-versa.

Une déviance de comportement n'est rien d'autre qu'un comportement qui n'est pas adapté à la vie domestique (convenue par l'Homme et le Chien) cassant alors l'harmonie éducative créée jusque-là.

Mais ce n'est pas parce qu'on détecte des déviances chez le chien que l'Homme n'est pas concerné par ce sujet. En effet, la définition précédente englobe également les comportements humains. Vous devez donc surveiller votre comportement tout aussi bien que celui de votre chien.

2- LES CAUSES D'UN COMPORTEMENT DÉVIANT

Elles peuvent être de plusieurs natures (psychologique, environnementale, physiologique, etc.) et se manifester à cause :

- D'une mauvaise observation et interprétation du chien par rapport à son référent ou à son environnement ;

- D'une extériorisation d'un état émotionnel ou d'un excès d'énergie ;

- D'une réaction par rapport à un ou plusieurs stimulus ;

- D'un mauvais comportement de la part du référent ;

- De l'auto-éducation ou l'absence d'éducation ;

- D'une influence trop importante de la part de l'environnement ;

- De la génétique, des patrons-moteurs et de l'organisme ;

- D'un passé ou d'une croissance anormale ;

- Des problèmes psychologiques ou physiologiques ;

- Etc.

Parfois, une déviance peut être le mix de plusieurs causes. L'un comme l'autre, il est nécessaire d'avoir en tête qu'un chien évolue dans un environnement qu'on ne peut pas toujours maîtriser.

3- COMMENT ABORDER UN COMPORTEMENT DÉVIANT ?

Comme nous l'avons vu précédemment, les causes des déviances peuvent être diverses et variées. Tel un brouillard opaque, elles restreignent notre visibilité et nos libertés. La patience et l'observation sont alors mères de succès. Il faut aborder un comportement déviant, non pas comme un simple problème, une charge de travail en plus ou une contrainte, mais plutôt comme une opportunité de pouvoir apprendre à mieux connaître son chien, améliorer la relation que l'on va avoir avec lui, et apprendre à se connaître dans une situation nous poussant à sortir de notre zone de confort : *il n'y a pas d'éducation sans déviance de comportement.*

4- L'ÉTAT D'ESPRIT À AVOIR FACE À UN COMPORTEMENT DÉVIANT

QUEL POINT DE VUE ADOPTER : ÉDUCATIF OU RÉÉDUCATIF ?

L'erreur de beaucoup de personnes est de croire que lorsqu'on adopte un chien, il sera totalement propre, éduqué, sage, limite : *"clé en main"*.

La réalité est toute différente. Le comportement d'un chien n'est pas constant. Croire qu'un chien va rester le même tout au long de sa vie est une erreur. Un chien évolue, sa psychologie aussi. En ce sens, votre façon de penser est primordial. En lieu et place d'éduquer votre chien (créer uniquement en lui de nouveaux comportements), vous devrez le rééduquer (défaire d'anciens comportements pour en créer de nouveaux, plus bénéfiques, pour lui comme pour vous). Cela est notamment valable pour les **chiens de refuge**.

En effet, le chien de refuge possède un paramètre qu'un chiot n'a pas forcément : **un passé** plus ou moins compliqué. Si vous avez un chien de refuge, préparez-vous psychologiquement à **le rééduquer.**

Si vous changez votre manière de penser, vous n'allez pas vous décourager, les promenades et votre quotidien ne seront pas un enfer, car vous allez apprécier le fait de détecter ses problèmes et de les solutionner. Vous vous direz *"Je suis là pour régler ses déviances de comportement pour l'instant, le reste ? Nous verrons après"*.

Cependant, si votre objectif est d'essayer d'avoir "une vie normale" avec lui alors qu'il y a des déviances à gérer, vous ne pourrez jamais avancer, vous allez vous décourager rapidement, car votre état d'esprit indique *"je veux profiter de mon chien"*. Or, la réalité indique qu'il y a des déviances à gérer *avant*.

Vous allez vous voiler la face et essayer de créer l'illusion que tout se passe bien alors qu'il n'en est rien, ce qui sera une perte de temps.

Prenez le taureau par les cornes, et traitez ces déviances maintenant, pour pouvoir profiter avec lui des "beaux jours éducatifs" de demain !

Comme vous l'aurez compris, vous devez accorder au temps une place plus qu'importante dans votre processus de gestion des déviances. Je vous conseille d'adopter une stratégie à long, voire à très long terme (plusieurs mois).

Pourquoi ? Parce que plus vous visez loin, moins vous stresserez. Moins vous stresserez, plus vous observerez. Plus vous observerez, mieux vous gagnerez. Mieux vous gagnerez, moins vous perdrez de temps.

La précipitation est mère d'échec ! Ne vous fiez pas aux vendeurs de rêves vous promettant de régler vos problèmes en quelques jours ou quelques heures. Résoudre un problème éducatif en fonction de sa gravité prend du temps. C'est un fait prouvé et éprouvé.

Mais bonne nouvelle : en règle générale, lorsque vous visez du très long terme, le problème se résout plus rapidement que vous ne le pensez.

La patience est la clé de tous vos problèmes (et pas seulement éducatif).

Tout le monde ! Ne pensez pas que vous avez un collier d'immunité. Une déviance de comportement (en fonction de son profil) va forcément (à un moment ou à un autre) toucher votre chien. Qu'il soit chiot, qu'il soit adulte, qu'il ait ou pas un passé. Soyez donc prêt.

MÉTHODE DE RÉFÉRENCE

QUELLE MÉTHODE ÉDUCATIVE UTILISER ?

Dans le domaine canin, les méthodes éducatives ne se valent pas toutes. Certaines sont incompréhensibles, d'autres sont totalement inutiles, tandis qu'une faible poignée brillent par leur inefficacité. La méthode que je vous conseille est bien entendu celle de l'éducation positive scientifique (ou EPS+) type d'éducation que j'ai fondée et qu'on utilise depuis plusieurs années dans l'association "Toutou Pour Lui" loi 1901.

POURQUOI ?

Cette méthode a l'avantage de lier la théorie à la pratique. En effet, les conseils que vous allez recevoir sont dites "à fort potentiel de personnalisation". C'est-à-dire que vous allez partir d'une base en ayant toutes les informations nécessaires, et l'adapter à la psychologie de votre chien.

COMMENT ?

Dans un premier temps, vous allez appliquer la couche théorique que vous allez recevoir, et observer la réaction de votre chien. En fonction de vos observations, de son état émotionnel et du vôtre, vous allez pouvoir adapter et affiner votre technique progressivement pour qu'elle se moule à l'état d'esprit de votre duo (référent/chien).

Avec de la patience, de la pratique et du temps, vous pourrez savoir ce qui fonctionne et ce qui ne fonctionne pas, pour ensuite réussir à régler le problème définitivement. Il faut comprendre que bien que cette approche prenne du temps, lorsque le problème est résolu, il l'est sans en générer de nouveaux derrière.

QUAND ?

Le plus rapidement possible. Ne passez pas à l'action demain ou après-demain. Faites-le maintenant, et lorsque je dis maintenant c'est… MAINTENANT !

Votre succès mérite une attention toute particulière, tâchez d'en prendre soin.

LA GESTION DES COMPORTEMENTS DÉVIANTS AVEC LES CHIENS DE REFUGE

INTRODUCTION

Je vois beaucoup de personnes *néophytes* s'orienter vers les refuges pour adopter leur **premier chien**. C'est un acte légitime, honorable, que j'apprécie personnellement : il est important de sauver la vie de ces toutous. Mais je suis dans l'obligation de modérer mes propos à ce sujet : *à quel prix ?*

En effet, un chien de refuge n'a pas le même comportement qu'un chiot que l'on aurait adopté chez l'éleveur. Le chiot a un état d'esprit neuf et malléable, mais souvent, un chien de refuge a un état d'esprit meurtri et marqué par le passé. Est-ce donc une bonne idée que d'adopter un chien de refuge **lorsqu'on est débutant ?**

Pour moi, ça peut être très dangereux, car si vous ne connaissez pas le monde canin, que vous n'avez pas une première expérience, *le mental*, les moyens, et les connaissances nécessaires pour vous en occuper, ce chien se retrouvera une nouvelle fois à la case "refuge", avec en bonus une nouvelle déception et une faible estime de lui-même.

Si vous voulez adopter un chien de refuge, je vous conseille dans un 1er temps, d'avoir une expérience dans le domaine canin, ou d'avoir réfléchi de manière plus que suffisante, en vous assurant que vous savez *consciemment* où vous mettez les pieds.

Trop souvent, je vois des personnes qui n'écoutent absolument pas les conseils et adopter un chien de refuge par "coup de cœur".

Oui mais non ! On n'adopte pas uniquement par "coup de cœur", mais après une longue et sérieuse réflexion sur ses capacités à gérer de potentielles déviances de comportement plus ou moins intenses chez ce type de chien.

Vous avez un coup de cœur pour sa petite bouille d'amour, *pas pour ses déviances de comportement*. Et souvent, lorsque ces déviances vous dépassent, eh bien votre coup de cœur disparaît et ce n'est pas juste.

Prenez vos décisions en pleine conscience et connaissance de cause. Je ne vais pas non plus généraliser, certains chiens de refuge sont au top, tant au niveau mental que comportemental. Mais ici, je parle au nom des autres chiens, qui n'ont plus la capacité de mener une vie paisible, à cause du mauvais comportement de nombreux humains irresponsables.

1- QU'EST-CE QU'UN CHIEN DE REFUGE ?

On a souvent tendance à croire que les chiens de refuge sont juste des chiens que l'on récupère d'un refuge, en oubliant qu'ils ont un passé (parfois tragique) derrière eux.

Un chien de refuge, c'est avant tout une histoire. Celle d'un chien qui faisait confiance à sa famille, et qui s'est lâchement fait abandonner sous-prétexte qu'il devenait "intenable", "malpropre" ou "dangereux".

L'abandon n'a jamais de cause viable et légitime : rien ne peut justifier l'abandon d'un chien. Cette expérience le marquera à vie, et changera à jamais sa perception du monde et des Hommes.

Voilà ce qu'est un chien de refuge : un être sensible, marqué par le temps, par les épreuves et par son passé...

2- PROFIL PSYCHOLOGIQUE D'UN CHIEN DE REFUGE

Il peut être complexe de définir le profil psychologique d'un chien de refuge, tout simplement parce qu'on ne sait pas ce qu'il a pu vivre. Dans quelles circonstances il a grandi, ni avec qui. Bien souvent, le passé du chien est méconnu, ce qui n'arrange pas nos affaires.

Cependant, ce dont on est sûr, c'est que les chiens de refuges ont une énorme envie de donner de l'amour et d'en recevoir.

Ils se méfient plus facilement des Hommes et de certains éléments de leur environnement, ce qui peut parfois générer une certaine peur, se traduisant par de l'agressivité ou de la fuite.

De plus, ces chiens ont l'habitude de pratiquer "l'auto-éducation". Ayant remarqué que leurs anciens référents étaient incapables de leur montrer la voie, ils ont dû le faire par eux-mêmes en traçant leur propre route, ce qui peut induire des comportements différents et un temps de compréhension beaucoup plus long que la moyenne, car ils doivent défaire des comportements acquis pour en créer de nouveaux.

3- BIEN DÉBUTER LA RÉSOLUTION DES PROBLÈMES DÉVIANTS

LE BATEAU, LA TEMPÊTE, ET LES REQUINS

Connaissez-vous cette histoire ? Non ?! C'est normal, je l'ai inventée.

Imaginez-vous sur un bateau, naviguant sur l'océan Pacifique en pleine tempête. Dans ce genre de situation, on aurait tendance à se dire que le danger est représenté par les vagues pouvant faire chavirer le bateau n'est-ce-pas ?

Mais c'était sans savoir que sous l'eau, il y a des requins, attendant patiemment leur moment.

La seule manière de voir les requins est d'avoir une mer calme, pour que les ailerons de ces petits malins puissent ressortir.

En d'autres termes :

- Le bateau représente votre processus éducatif avec votre chien ;

- L'océan représente l'état émotionnel de votre chien ;

- Et les requins représentent les vrais problèmes de votre chien.

Souvent, on va s'agiter en pensant que les problèmes visibles sont les problèmes les plus importants (les vagues), sans se rendre compte ne serait-ce qu'un instant que ce sont peut-être les conséquences d'un problème beaucoup plus profond (les requins).

Pour pouvoir réussir à faire ressortir les vrais problèmes, il est donc nécessaire de calmer l'état émotionnel de son chien (calmer la mer).

Pour calmer l'état émotionnel de son chien, je vous conseille de le dépenser mentalement et physiquement à 3 niveaux :

- à l'intérieur de votre maison par l'intermédiaire de TRICKS (pas bouger, fait le mort, donne la patte, etc.), de jeux intelligents, ou de tapis de fouille, …

- à l'extérieur de la maison par l'intermédiaire de la méthode PREMACK, du prélude éducatif assis, de TRICKS, …

- via des sports canins comme le cani-cross, ou le cani-vtt, …

Pour de plus amples informations sur les dépenses mentales et physiques en intérieur comme en extérieur, je vous redirige vers le tome 2 de mon livre : *"Comment accueillir son chiot étape par étape – Réussir son éducation"*.

Lorsque vous reprenez la maîtrise de son énergie et donc de son état émotionnel, vous pourrez passer à l'étape suivante.

L'observation sera de mise tout au long de la vie de votre chien, et encore plus durant les premiers mois. Lorsque vous avez réussi à stabiliser ses émotions, vous devrez observer tous les éléments qui le font réagir. En réalité, ses comportements sont le miroir de son passé. Prenez un cahier et notez absolument tout ! Posez-vous des questions comme :

- Dans quel type d'environnement réagit-il ainsi ?

- Quels sont les éléments de l'environnement qui le font réagir ? En a-t-il peur ? Réagit-il instantanément ?

- Quel comportement adopte-t-il en réaction ? Durant combien de temps ? Arrive-t-il à se calmer seul ou dois-je intervenir ?

- Quelles sont les hypothèses pouvant expliquer son comportement ?

- Quel est mon comportement à ce moment-là ? Suis-je positif ou ai-je tendance à m'énerver ? Est-ce la bonne solution ?

- Si ce n'est pas la bonne solution, que dois-je faire pour m'améliorer et régler le problème ?

Plus vous cogiterez sur ce genre de question, plus rapidement vous trouverez les solutions pour régler le problème. Souvenez-vous, vous êtes en phase de *"résolution des problèmes"* : qui dit résolution dit plan d'action !

Lorsque vous allez relier tous les points, vous trouverez plusieurs hypothèses pouvant expliquer les problèmes de votre chien. En conséquence, vous aurez naturellement la bonne solution.

Il vous suffira de passer à l'action, de tester, retester et optimiser en gardant une approche positive.

Votre travail est un travail de longue haleine !

Vos travaux d'observation, d'analyse, de mise en application et d'optimisation prendront du temps… Beaucoup de temps ! Mais comprenez que ce n'est pas parce que vous ne voyez pas les résultats que l'exercice ne fonctionne pas !

Souvent, des actions que vous allez mettre en place aujourd'hui prendront effet dans 1 mois. Le secret de la réussite en éducation canine, est d'être constant. Si vous appliquez des exercices positifs sur une longue période de temps de manière stable, vous aurez des résultats à un moment ou à un autre ; mais trop souvent, les gens abandonnent à quelques jours du succès, c'est dommage… Alors soyez patient !

LA GESTION DES COMPORTEMENTS DÉVIANTS AVEC SON CHIOT

Le processus pour régler les problèmes d'un chiot est le même que pour un chien de refuge, à la seule différence que la résolution pour un chiot se fera beaucoup plus rapidement en théorie.

Il existe tout de même une petite exception. Certains chiots peuvent avoir un passé : une mère absente, un environnement d'évolution négatif, ou un manque de stimulation. L'ensemble de ces éléments se traduit par différents troubles du comportement, qui seront décrits à travers 2 syndromes principaux :

- Le syndrome Hs-Ha (Hypersensibilité-Hyperactivité).

- Le syndrome de privation sensorielle.

Nous allons voir en détail ces deux syndromes plus tard dans le livre. Mais pour l'instant, voyons ensemble les cas pratiques.

CHAPITRE 2 – COMPORTEMENTS DÉVIANTS : LES CAS PRATIQUES

INTRODUCTION

Je vais aller à l'essentiel dans le traitement de chaque cas. Souvenez-vous que je vous offre des conseils à fort potentiel de personnalisation. En fonction de vos observations, vous pourrez personnaliser votre processus éducatif, pour qu'il se moule au millimètre près à la psychologie de votre cher toutou.

Le traitement de chaque déviance va se focaliser sur la définition des sources et du plan d'action à mettre en place.

L'HYPERATTACHEMENT

1- LES SOURCES DU PROBLÈME

L'hyperattachement se traduit par la dépendance du chien à votre égard. Il aura tendance à vous suivre partout et aura des difficultés à rester seul. Que ce soit à l'intérieur de la maison la nuit, ou lorsque vous partirez faire quelques courses le jour. Cette difficulté à gérer la solitude va induire chez votre chien une succession d'actions ayant pour but d'apaiser son état émotionnel comme :

- La destruction ;

- La malpropreté ;

- Les vocalises (aboiement, chouinement, etc.) ;

- Divers TOC (Troubles Obsessionnels Compulsifs) ;

- L'automutilation ;

- Etc.

L'hyperattachement du chien va dépendre de plusieurs facteurs, comme son passé, sa socialisation ou votre comportement.

Souvent, vous pouvez être la source du problème en ne donnant pas suffisamment d'espace à votre chien, en le collant en permanence et en créant des rituels de départ et d'arrivée, le fragilisant.

2- LE PLAN D'ACTION

Positionnez-vous dans une pièce fermée, calme et aérée avec votre chien, puis observez-le. Pour maximiser vos résultats, donnez-lui un jouet ou une friandise à mâcher pour qu'il s'occupe.

Levez-vous et éloignez-vous de quelques mètres au début, puis retournez à votre place. S'il est toujours calme, sortez de la pièce durant 2 secondes, juste le temps de fermer et rouvrir la porte. Lorsque vous rentrez, observez-le, et s'il est toujours calme et serein, félicitez-le par la voix, attendez 10 secondes et sortez à nouveau de la pièce, mais cette fois-ci durant 5 secondes. À chaque fois qu'il reste calme, félicitez-le et augmentez le temps d'absence. Le but est de durer 15 minutes.

S'il commence à chouiner, à gratter la porte ou autre, je vous conseille de diminuer le temps des absences (il faut y aller à son rythme) et rentrer dans la pièce comme si de rien n'était.

Exemple : s'il dure parfaitement à 10 minutes, mais qu'il chouine à 15 minutes, repassez à 10 minutes et augmentez le temps d'absence de 1 minute par 1 minute plutôt.

Au bout de 15 minutes, faites une mise en situation en partant faire quelques courses. Pour maximiser vos résultats, dotez-vous d'une caméra pour analyser sa réaction. Avant de partir, donnez-lui quelque chose pour qu'il s'occupe, et partez comme si de rien n'était.

En parlant de mise en situation, parlons des rituels de départ et d'arrivée. Lorsque vous partez le matin, privilégiez un départ simple en lui disant juste au revoir comme si vous reveniez dans quelques secondes. Lorsque vous rentrez à la maison, s'il vous fait la fête : ignorez-le. Et ne lui donnez votre attention que lorsqu'il est calme. Les départs et arrivées doivent être considérés comme des moments dits "lambda" et non exceptionnels.

À la maison, je vous invite à fermer la porte derrière vous (en veillant bien sûr à ce qu'il ne soit pas dans la porte). Puis, lorsque vous avez terminé ce pourquoi vous êtes entré dans la pièce, vous pouvez la rouvrir derrière en ne le calculant pas. Il va ainsi comprendre que lorsqu'une porte se ferme, c'est pour mieux se rouvrir avec vous derrière.

Pour ce qui est des "moments caresses" avec votre chien, pas de problèmes ; vous pouvez continuer mais pas toute la journée ! Cela pour conditionner votre chien à apprécier ces moments, et à savoir quand il peut et quand il ne peut pas. Bien sûr, vous pouvez convenir avec lui du moment le plus propice.

L'AGRESSIVITÉ ENVERS LES CONGÉNÈRES

1- LES SOURCES DU PROBLÈME

En règle générale, l'agressivité est le reflet d'une peur qui va induire chez le chien un comportement agressif. Il peut être le fruit d'un traumatisme (le chien s'est fait attaquer par un ou plusieurs chiens dans le passé), d'un conditionnement volontaire de la part du référent (valable pour les chiens conditionnés au combat), d'une désocialisation ou d'une non-socialisation.

Ce comportement peut alors devenir un fardeau lourd à porter au quotidien (notamment lors des promenades), tant pour le chien que pour le référent. Dans la communauté Toutou Pour Lui, plus de 20 % des cas que nous traitons sont liés à l'agressivité. C'est donc un sujet très important qui est la cause de nombreux abandons et euthanasies.

2- LE PLAN D'ACTION

L'agressivité envers les congénères se produit majoritairement lors des croisements en extérieur.

Pour régler le problème nous allons utiliser le principe du "contre-conditionnement" et de la "désensibilisation progressive".

Le but du contre-conditionnement est de contrer un conditionnement existant. Exemple : le chien a peur de quelque chose, on va contrer ce conditionnement négatif en le félicitant à chaque fois qu'il est calme et qu'il observe la source de sa peur.

Le but de la désensibilisation progressive est de le faire au rythme de votre chien.

Positionnez-vous à 5 mètres (par exemple) d'un endroit avec du passage, où votre chien aura la possibilité de voir ses congénères et observez-le. Si à 5 mètres il garde une attitude calme et sereine, félicitez-le et avancez de 1 mètre.

Nous sommes maintenant à 4 mètres du passage avec ses congénères. Si à 4 mètres, vous détectez qu'il génère des signaux d'apaisement (bâillement, chouinement, etc.), qu'il commence à aboyer, mais qu'au bout de quelques minutes il arrive à se calmer de lui-même car il prend confiance en lui, alors félicitez-le et avancez de 1 mètre.

Nous sommes désormais à 3 mètres. Si vous voyez qu'il commence à aboyer de manière plus intense et qu'il émet des signaux de mise en garde (grognement, retroussement des babines, etc.), qu'il tire, et qu'il n'arrive plus à retrouver son calme après plusieurs minutes, cela signifie qu'il est trop près de la source de sa peur, il est temps de faire machine arrière et de reculer de 1 mètre.

Cette stratégie du "je recule si c'est trop intense, et j'avance quand c'est propice", va vous permettre de trouver le seuil de tolérance de votre chien, c'est-à-dire la distance qu'il arrive à gérer, ce qui va lui permettre de s'habituer à ses congénères, mais progressivement.

Surtout, veillez durant cet exercice à laisser votre chien extérioriser son état émotionnel, n'intervenez pas, observez juste et félicitez, ignorez, avancez, ou reculez au besoin. Analysez bien votre comportement, et gardez toujours une attitude calme et sereine pour que votre chien puisse se calquer sur vous.

En parallèle de cette technique, il peut être judicieux de trouver dans votre entourage des personnes s'occupant de chiens sociables et bien codés. La stratégie sera ensuite de faire plusieurs promenades, en compagnie de ces chiens pour que le vôtre (par mimétisme) puisse acquérir et préserver les bons codes canins.

Vous pouvez également opter pour la carte des promenades groupées. Mais je vous les conseille uniquement lorsque votre chien aura fait des progrès significatifs, lui permettant de pouvoir s'approcher tranquillement des autres chiens à un minimum de 1 mètre de distance. La technique suivante pour les promenades groupées pourrait vous intéresser également.

Lors des promenades, dotez votre chien d'une longe de 10 mètres que vous allez enrouler autour de votre main pour arriver à une longueur de 2 mètres.

Puis, en vous mettant légèrement en retrait du groupe, observez votre chien. S'il adopte une attitude calme et sereine, félicitez-le et donnez-lui 1 mètre de longe. S'il commence à grogner ou à aboyer, mais qu'il arrive à se calmer ; dès qu'il est calme, félicitez-le, et donnez-lui à nouveau 1 mètre de longe : vous êtes maintenant à 4 mètres.

Si à 4 mètres, vous observez qu'il est trop agressif et qu'il n'arrive plus à se calmer, alors rétrogradez à 3 mètres de longe. Et augmentez la longueur de manière plus lente à chaque succès.

Si vous vous mettez en retrait du groupe et que vous donnez de la longueur à votre chien, forcément, au bout d'un moment, il va s'approcher du groupe sans s'en rendre vraiment compte, le contexte environnant va changer, ça va le motiver à poursuivre ses efforts et à devenir beaucoup plus sociable.

Vous allez également prédisposer votre chien à gérer ses peurs en liberté. La longe fonctionnant comme une rampe de lancement vers les promenades sans laisse.

3- PETITE ANNOTATION

Cette technique fonctionne également pour les chiens adoptant un comportement de fuite vis-à-vis de leurs congénères ou d'autres espèces animales.

L'AGRESSIVITÉ ENVERS LES HUMAINS

1- LES SOURCES DU PROBLÈME

L'agressivité envers les humains prend ses racines dans les mêmes causes que l'agressivité envers les congénères. Le chien réagit violemment car il a assimilé les autres humains à une menace à son égard. Cela peut être le fruit d'une éducation traditionnelle basée sur la punition et les coups, comme sur un manque important de socialisation.

2- LE PLAN D'ACTION

Je vous conseille d'utiliser la même technique que pour le traitement de l'agressivité envers les congénères.

Durant les promenades, veillez à avertir les étrangers de ne pas s'approcher trop près de votre chien, en leur expliquant que celui-ci est en rééducation pour l'instant.

Faites attention aux comportements des enfants qui peuvent mal agir et réagir face à votre chien. Et veillez à chaque fois que votre chien croise ou observe une personne, à le féliciter s'il reste calme et serein.

3- PETITE ANNOTATION

Cette technique fonctionne également dans le cas où votre chien adopte un comportement de fuite, à la vue des humains (adultes ou enfants) voire même d'autres espèces animales.

PEUR DES BRUITS ET OBJETS

1- LES SOURCES DU PROBLÈME

Généralement, un chien qui a peur des bruits et des objets n'a pas été suffisamment imprégné durant la période de socialisation et d'imprégnation allant de ses 21 jours à 3 mois. Cette peur peut très rapidement se généraliser à un contexte tout entier. Exemple : au lieu d'avoir peur uniquement du bruit d'une casserole, le chien aura peur des bruits du four, de l'évier, ou de la cuisine tout entière. Il peut alors rentrer dans une angoisse et une panique se caractérisant par des tremblements, des difficultés à respirer correctement, ou des nausées. À terme, le simple fait d'être dans la cuisine devient une épreuve pour lui.

2- LE PLAN D'ACTION

Prenez un petit cahier et notez l'ensemble des bruits et objets qui font peur à votre chien, à l'intérieur de la maison comme à l'extérieur.

Vous devrez ensuite l'habituer à ces divers bruits et objets au cas par cas. Voici le plan d'action si votre chien a peur des objets :

Débutez l'imprégnation de votre chien en imprimant l'objet de sa peur, et positionnez-le dans des endroits stratégiques, comme l'espace où vous jouez avec lui ou l'endroit où il mange. Observez sa réaction pour voir s'il est nécessaire de rapprocher ou d'éloigner la photo.

À l'aide de votre ordinateur ou de votre télévision, affichez à l'écran l'objet en question tout en observant votre chien. S'il reste calme en présence de l'objet virtuel, félicitez-le et passez à la mise en situation.

LA MISE EN SITUATION AVEC LES OBJETS

Positionnez l'objet à une certaine distance de votre chien dans des endroits comme son aire de jeux ou sa zone de restauration et observez-le. Le fait de retirer l'objet du contexte pour lequel il est destiné (la casserole, de la cuisine par exemple) permet de simplifier la peur de votre chien.

À chaque fois qu'il adopte une attitude calme et sereine, félicitez-le et approchez l'objet. Si vous voyez qu'il en a toujours peur, pas de panique, on y va à son rythme, éloignez l'objet et travaillez à la distance qu'il arrive à tolérer.

Pour les objets qui peuvent s'animer comme les aspirateurs, vous pouvez adopter la même technique. Je vous conseille tout de même de débuter avec l'objet éteint sans mouvement, et de progressivement rajouter le bruit et le mouvement, lorsque vous voyez que votre chien prend confiance en lui.

Pour les objets en extérieur, ça ne sera pas l'objet qui viendra à votre chien, mais votre chien qui ira à l'objet. Veillez toujours à le faire à son rythme. En laisse, approchez-le de l'objet de sa peur et observez s'il arrive à se calmer. Si c'est le cas, félicitez-le et avancez. Si vous voyez que sa peur est trop intense, cela signifie que vous êtes trop proche, il est temps de reculer et de lui changer les idées. Vous pouvez faire un petit tour et retenter quelques instants plus tard.

Voici le plan d'action si votre chien a peur des bruits :

L'IMPRÉGNATION SYNTHÉTIQUE AVEC LES BRUITS

Prenez votre téléphone et sélectionnez sur internet les bruits faisant peur à votre chien. Avec un volume sonore très faible, commencez à les passer et observez-le. S'il adopte une attitude calme et sereine, félicitez-le par la voix et augmentez le volume sonore progressivement. Si c'est trop intense pour lui, diminuez le volume à un niveau qu'il tolère.

À l'intérieur de la maison, donnez à votre chien de quoi s'occuper. Puis, si vous en avez la possibilité, générez le bruit de sa peur à un niveau très bas au début et assez éloigné de lui. S'il est toujours calme, approchez-vous progressivement et régénérez le bruit à un volume plus élevé.

À chaque fois qu'il reste calme, approchez-vous et augmentez le volume, et chaque mauvaise réaction de sa part, éloignez-vous et baissez le volume.

En extérieur, mettez-vous en retrait du bruit pour débuter. Rapprochez-vous à chaque victoire de la part de votre chien, et éloignez-vous à chaque mauvaise réaction.

Souvenez-vous qu'il faudra de la patience pour lui permettre de s'habituer à l'ensemble des bruits et objets lui faisant peur.

LA MALPROPRETÉ

1- LES SOURCES DU PROBLÈME

Si vous avez un chiot, il est possible que la propreté ne soit pas encore acquise car il n'arrive pas à se retenir. Cependant, arrivé à l'âge adulte, le chien doit être propre. Si ce n'est pas le cas, on a affaire à une déviance de comportement qu'il faut traiter au plus vite.

Il y a plusieurs causes pouvant expliquer la malpropreté de votre chien :

- Un mauvais apprentissage de la propreté lorsqu'il était chiot : le chien a pris la fâcheuse habitude de faire à l'intérieur ;

- Des difficultés à rester seul : voir la partie *"L'HYPERATTACHEMENT"* pour régler le problème ;

- Un trop-plein d'énergie : voir la partie *"LE TROP-PLEIN D'ENERGIE"* pour régler le problème ;

- Le marquage urinaire : voir la partie *"LE MARQUAGE URINAIRE"* pour régler le problème.

Ici, nous allons nous concentrer sur les mauvaises habitudes que votre chien a mises en place.

Votre chien fait ses besoins à l'intérieur de la maison car il ne trouve pas l'intérêt de le faire à l'extérieur. Cela arrive souvent lorsqu'on fait l'erreur de positionner des alaises pour l'apprentissage de la propreté lorsqu'il est chiot.

L'autre explication est que son ancienne famille ne le sortait pas suffisamment pour qu'il fasse à l'extérieur, nettoyait devant lui, ou ne se préoccupait pas de cet apprentissage, pensant qu'il allait devenir propre tout seul.

L'un comme l'autre, le chien a pris une habitude qu'il est désormais nécessaire d'éradiquer.

Sachez que plus vous laissez votre chien dans cette situation, et plus ça prendra du temps de le défaire de cette mauvaise habitude.

2- LE PLAN D'ACTION

La 1re chose à faire est de changer l'environnement de votre chien. En effet, votre chien est dans ses petites habitudes. Et qui dit "habitudes" dit "rituels". Les rituels de votre chien sont liés à son environnement : changer l'environnement, c'est changer ses rituels, changer ses rituels, c'est changer ses habitudes.

Observez les endroits où votre chien à tendance à faire, et placez-y des pots de fleurs par exemple.

Dès que cela est fait, reprenez l'apprentissage de la propreté depuis le début. Notez les fenêtres de propreté théoriques et pratiques de votre chien.

LES FENÊTRES DE PROPRETÉ THÉORIQUES

Sortez-le 5 minutes après :

- une partie de jeu intense ;

- son réveil du matin ;

- ses repas ;

- une sieste.

Si vous avez du temps, vous pouvez tenter de le sortir également toutes les 2 heures.

Si vous observez que votre chien fait ses besoins à 23 h 00 ou à 7 h 00 du matin, il peut être judicieux de le sortir durant ces périodes.

Souvent, il arrive que le chien fasse ses besoins durant la nuit. Souvenez-vous qu'on a affaire à un chien qui sait se retenir mais qui n'a juste pas les bonnes habitudes.

Dans ce cas, sortez-le :

- le soir avant qu'il aille se coucher ;

- Le matin lorsqu'il se réveille.

Ne faites pas l'erreur de le laisser sortir tout seul sous prétexte que vous avez un jardin et qu'il connaît les lieux : accompagnez-le. Lorsqu'il fait en extérieur, motivez-le par la voix, puis lorsqu'il a terminé, félicitez-le par la voix, les caresses, et une friandise : vous venez de poser la 1re pierre du changement de son comportement.

Une autre technique intéressante est lorsque vous avez détecté l'heure précise où il fait : imaginons 23 h 30 ; mais que vous souhaitez qu'il fasse beaucoup plus tôt (par exemple 22 h 00). Dans ce cas, sortez-le à 23 h 30 au début, puis diminuez progressivement le temps en passant de 23 h 30 à 23 h 20, puis 23 h 10, etc.

Si au contraire vous voulez qu'il se retienne pour le lendemain matin, il vous suffit juste de lui créer le bon lien de cause à effet, pour qu'il prenne l'habitude de se retenir le soir pour faire en extérieur le matin. Mais pour arriver à ce résultat, vous devrez vous y atteler tous les jours.

Lorsque vous le prenez sur le fait, surtout ne le réprimandez pas !

Si vous avez un gros chien que vous prenez sur le fait, ignorez son comportement et misez tous vos efforts sur la détection des fenêtres de propreté, le changement de son environnement, et les félicitations en extérieur.

Si vous avez un petit chien que vous prenez sur le fait, prenez-le dans vos bras, et amenez-le dans son aire de propreté pour le laisser finir. Félicitez-le par la voix pendant qu'il est en train de faire, et récompensez-le lorsqu'il a terminé.

Si vous ne le prenez pas sur le fait, nettoyez ses besoins en suivant les étapes suivantes :

1. Versez dans la moitié d'un verre de l'eau tiède :

2. Ajoutez 1 cuillère à soupe de bicarbonate de soude ;

3. Ajoutez 2 cuillères à café de jus de citron ;

4. Ajoutez 1 à 2 gouttes d'huile essentielle de citron ;

5. Laissez reposer ;

6. Prenez du bicarbonate de soude pur et versez sur le pipi ou les excréments ;

7. Laissez agir 10 à 15 minutes ;

8. Éliminez ;

9. Nettoyez avec le mélange à base de bicarbonate de soude et citron.

Évitez de nettoyer devant lui, et armez-vous de patience car en fonction du nombre de jours, mois ou années qu'il a eu pour créer cette mauvaise habitude, il se peut que ça prenne plus ou moins de temps !

LE CHIEN QUI TIRE TRÈS FORT EN LAISSE

1- LES SOURCES DU PROBLÈME

Votre chien tire en laisse très fort pour deux raisons :

- il se dit : *"je tire donc j'avance. Comme j'avance, je continue à tirer pour avancer"*. C'est un mauvais lien de cause à effet.

- Les distractions environnantes sont si intenses qu'il se sent obligé de tirer en laisse pour pouvoir les atteindre : voir la partie ***"PROBLÈMES D'ATTENTION ET D'ÉCOUTE"*** pour régler le problème.

2- LE PLAN D'ACTION

Pour maximiser vos résultats, je vous conseille d'utiliser un panaché de ces 2 méthodes.

MÉTHODE 1

Lorsque votre chien commence à tirer, arrêtez-vous net, laissez-le tirer dans le vent et attendez qu'il se calme. Dès qu'il est calme, félicitez-le par la voix et redémarrez la promenade.

Lorsque votre chien continue de tirer, arrêtez-vous net, faites demi-tour et partez à l'exact opposé de sa direction (en évitant de générer des à-coups). Il va devant ? Partez derrière. Il va à gauche ? Allez à droite !

Lorsqu'il revient à votre niveau, félicitez-le par la voix, puis lorsqu'il prend à nouveau de la distance, arrêtez vos félicitations et utilisez soit la méthode 1 ou la méthode 2.

En complément, vous pouvez augmenter ou diminuer la vitesse de votre marche afin de redynamiser votre promenade et garder plus efficacement l'attention de votre chien.

LA RÉACTIVITÉ EN LAISSE

1- LES SOURCES DU PROBLÈME

Qu'est-ce qu'un chien réactif en laisse ?

C'est un chien qui va adopter une certaine hostilité vis-à-vis d'un élément précis, uniquement lorsqu'il est attaché. Cela peut se produire avec ses congénères, des humains, d'autres espèces animales, des objets ou des bruits, alors que ce même comportement sera totalement inexistant si le chien est en liberté.

Comme vous le voyez, le problème vient de la laisse et du mauvais lien de cause à effet qui a été généré par votre chien. Cela peut également se produire lorsque vous avez des chiens agressifs envers leurs congénères ou ayant des difficultés à se canaliser. Il n'est pas rare de voir un chien excité à l'idée d'aller voir un congénère mais qui, contraint par la laisse, transforme son excitation en une frustration, et sa frustration en de l'agressivité.

La 1re étape est que votre chien doit assimiler la laisse à du positif. Pour cela, à l'intérieur de votre maison, positionnez-la à des endroits stratégiques comme son aire de jeux, de repos ou de restauration. De temps à autre, dotez votre chien de sa laisse, et reproduisez un petit mouvement de balancier de gauche à droite, pour reproduire les mouvements lors des promenades, puis félicitez votre chien s'il réagit correctement.

Soyons d'accord, je ne parle pas ici de "saccade" mais d'un mouvement naturellement fait lorsque vous circulez avec votre chien en extérieur. Ça ne doit pas être désagréable pour lui.

En promenade, prenez avec vous une longe de 5 mètres que vous allez enrouler autour de votre main pour laisser à votre chien une longueur de 2 mètres.

Observez-le, et à chaque fois qu'il est calme et serein, félicitez-le et donnez-lui 1 mètre de plus. Lorsque vous arrivez à 5 mètres, recommencez l'exercice. Cet exercice est utile pour qu'il puisse s'habituer à différentes longueurs lors des croisements.

En complément, travaillez les exercices de la partie *"L'AGRESSIVITÉ ENVERS LES CONGÉNÈRES"* et *"L'AGRESSIVITÉ ENVERS LES HUMAINS"*, il n'est pas rare que la réactivité en laisse soit liée à ces types de déviances.

LA COHABITATION AVEC UN AUTRE CHIEN

1- LES SOURCES DU PROBLÈME

Les conflits entre chiens du même toit peuvent être le fruit de différents facteurs comme :

- La protection de ressources vis-à-vis de la nourriture ;

- La protection de ressources vis-à-vis des humains ;

- Un manque de code ou de communication canine ;

- Un mauvais comportement de la part du référent ou de la référente affective ;

- Un passé difficile de l'un des deux chiens ;

- Un excès d'énergie, ou une incapacité à se canaliser.

Dans tous les cas, votre comportement est primordial dans la résolution du problème. Les problèmes de cohabitation sont souvent sous-jacents de problèmes beaucoup plus profonds que vous retrouverez dans la liste précédente.

Il est donc nécessaire de faire un travail d'analyse pour savoir dans quelles circonstances vos chiens se chamaillent ou se bagarrent.

Je vais vous donner le plan d'action avec les réflexes à avoir pour améliorer cette fameuse cohabitation, mais songez à compléter ce plan avec les parties suivantes du livre (en fonction de vos observations) :

- *"LA PROTECTION DE RESSOURCES VIS-À-VIS DE LA NOURRITURE"*

- *"LA PROTECTION DE RESSOURCES VIS-À-VIS DES HUMAINS"*

- *"LA PROTECTION DE RESSOURCES VIS-À-VIS DES JOUETS"*

- *"PROBLÈME D'ATTENTION ET D'ÉCOUTE"*

2- LE PLAN D'ACTION

Lorsque vous avez une team de Toutou, comprenez que c'est comme si vous en aviez 3 !

En effet, vous aurez vos 2 chiens avec une conscience individuelle, et la fusion psychologique de vos 2 loulous créant une conscience collective (effet de groupe). L'un va réagir en fonction de l'autre et vice-versa. Ce qui signifie que leurs actions et les vôtres vont se baser sur cet aspect et non sur la réelle psychologie de chaque chien. Il est nécessaire de connaître vos chiens dans l'intimité et individuellement. Pour cela, promenez vos chiens de temps en temps de manière séparée.

Vous apprendrez à mieux les comprendre et à connaître leur réaction, leur ressenti et leur caractère, plus facilement que s'ils étaient deux.

Alors, je parle d'un duo de chiens, mais il est possible que vous soyez dans le cas où votre team de Toutou compte peut-être 3, 4, 5 ou plus de chiens. Soyez rassuré car l'approche reste exactement la même.

Pour simplifier mes explications, nous resterons sur une Team de 2 loulous.

Lorsque vous aurez promené vos 2 chiens séparément et que vous aurez compris leur caractère individuel, promenez-les en duo et observez-les pour comprendre leurs réactions et ce qui les fait réagir. Si les deux restent calmes, félicitez-les tous les deux ; ils comprendront alors que lorsque le duo est calme, ils obtiennent de bonnes choses. Pour eux, l'éducation devient alors un jeu d'équipe !

À l'intérieur de la maison, renforcez le bon comportement de l'équipe, en les félicitant dès que la situation est calme et à chaque croisement. Vous n'avez pas besoin de le faire systématiquement avec des friandises, une félicitation par la voix est suffisante.

Pour chaque conflit détecté, demandez-vous quelle en est la cause, il y a de fortes chances que celle-ci se trouve dans la liste que je vous ai donnée auparavant. Rendez-vous à la partie du livre qui vous concerne et suivez le plan d'action donné.

LA PRÉDATION AVEC UN CHAT OU UNE AUTRE ESPÈCE ANIMALE

1- LES SOURCES DU PROBLÈME

Les deux causes les plus plausibles sont :

- Un manque accru de socialisation avec les chats et autres animaux ;

- Un trop-plein d'énergie.

Pour le trop-plein d'énergie, celui-ci peut renforcer le comportement de prédation, pas le supprimer. Bien souvent, des prédations modérées et que l'on peut contrôler, peuvent devenir incontrôlables à cause d'un trop-plein d'énergie.

Je vous laisse donc regarder la partie *"LE TROP-PLEIN D'ÉNERGIE"* pour résoudre le problème.

Concentrons-nous sur le manque accru de socialisation. Durant la période d'imprégnation et de socialisation, allant de 21 jours à 3 mois, le chien va faire des espèces qu'il va fréquenter des "potes", inhibant tout comportement de prédation (pour faire simple). Cependant, passé cette période, si le chien n'a pas été habitué aux chats ou NAC par exemple, il va les poursuivre.

La prédation se décline à plusieurs niveaux, allant de la simple poursuite inoffensive à la mise à mort de l'animal concerné.

Il n'est pas rare de voir des chiens tuant des poules, des chats ou des hérissons. La prédation est avant tout un instinct, elle peut être beaucoup plus forte chez les chiens ayant des prédispositions à la chasse.

2- LE PLAN D'ACTION

Prenons l'exemple de la prédation vis-à-vis des chats en intérieur.

Dotez votre chien d'une laisse, au préalable conditionnée à du positif (voir la partie : *"LA RÉACTIVITÉ EN LAISSE"*), puis observez votre chien en présence du chat. Si votre chien commence à aboyer ou tirer, laissez-le tirer dans le vent et se calmer de lui-même. Dès que c'est le cas, félicitez-le par la voix et une friandise puis réitérez l'exercice. Il est possible que votre chien soit juste aux aguets ; dans ce cas, attendez qu'il dévie du regard pour le féliciter.

La répétition est la clé de votre succès. Si la réaction de votre chien est trop intense, marquez une distance plus importante entre votre chien et votre chat. Pour optimiser vos résultats, positionnez-vous avec vos animaux dans une pièce aérée où votre chat aura la possibilité de se mouvoir tranquillement, et où votre chien aura une visibilité suffisante vis-à-vis de votre chat pour que l'exercice prenne du sens.

Lorsque votre chien arrive à être calme en laisse, passez à une longe de 5 mètres. Enroulez celle-ci autour de votre main, et à chaque bon comportement de la part de votre toutou, félicitez-le et lâchez 1 mètre de longe. En cas d'échec, ignorez le mauvais comportement et réduisez la longueur.

Le but est de faire une transition contrôlée vers la liberté. Lorsque vous allez atteindre 5 mètres de longe, il vous suffira de la retirer.

S'il réagit bien, félicitez-le chaleureusement et prenez l'habitude de le récompenser à chaque bon croisement avec le chat.

Si au contraire, il réagit mal en liberté, il faut juste faire machine arrière et travailler plus longtemps avec la longe ou la laisse.

Patience, ça marchera !

Notez que l'exercice que je viens de vous donner fonctionne parfaitement en extérieur avec n'importe quelle espèce animale. À vous de jouer !

LA PROTECTION DE RESSOURCES

1- VIS-À-VIS DE LA NOURRITURE

LES SOURCES DU PROBLÈME

Pour certains chiens, la nourriture est devenue une ressource si vitale, qu'il est nécessaire de la protéger quitte à se bagarrer jusqu'au sang. Le chien ayant peur de perdre cette ressource si "rare" à ses yeux va user de l'agressivité pour garder son dû, ce qui peut être très dangereux, notamment en présence d'enfants.

Cela arrive souvent lorsque le chien est passé par la case refuge. Ou lorsque celui-ci, étant plus jeune, faisait partie d'une fratrie où les phases de repas rimaient plus avec une épreuve de Koh-Lanta, qu'avec un moment convivial, où tout le monde pouvait se restaurer correctement et équitablement.

Ce phénomène peut également apparaître si on habitue son chien à manger *seul* depuis son adoption (ce que je déconseille pour des raisons que j'ai déjà évoquées dans le tome 2), puis que subitement, on décide de le faire manger dans un environnement beaucoup plus convivial, dont il n'a pas l'habitude.

Enfin, le cas le plus fréquent se voit lorsqu'on donne des aliments exclusifs à son chien. Exemple : c'est l'anniversaire de votre chien et vous décidez de lui donner un aliment dont il n'a pas l'habitude, si ce n'est au moment de son anniversaire (donc une fois par an). Forcément, le phénomène de protection de ressources aura plus de chances de montrer le bout de sa truffe !

LE PLAN D'ACTION

Soyez attentif aux réactions de votre chien, et déterminez si sa protection de ressources se fait sur la nourriture au moment des repas exclusivement, ou d'une manière générale sur absolument tout, y compris les friandises que vous pouvez lui donner, que ce soit en intérieur ou en extérieur, avec ou sans d'autres chiens.

Comme je vous l'ai expliqué précédemment, la protection de ressources vis-à-vis de la nourriture est un mauvais lien de cause à effet où votre chien assimile la nourriture à une denrée rare, si rare qu'il est dans l'obligation de la protéger en usant de l'agressivité.

Si vous éliminez cet aspect de rareté chez lui, vous éliminez sa protection de ressources. Pour cela, le mieux est de le faire au moment des repas.

Demandez à votre chien de s'asseoir, puis récupérez sa gamelle vide et disposez celle-ci devant lui tout en l'observant. Forcément, il va vous regarder en attendant une partie de sa ration quotidienne.

Versez à l'aide de votre main quelques croquettes à l'intérieur de la gamelle, puis laissez-le manger.

Lorsqu'il a terminé, réitérez l'opération jusqu'à la fin de son repas.

Félicitation ! Vous venez de créer en votre chien un nouveau lien de cause à effet : votre présence est là pour donner quelque chose de bénéfique et non pour le prendre.

La deuxième étape consiste à verser 1/4 de son repas dans sa gamelle, puis pendant qu'il mange, de verser 1/4 de plus, et enfin verser les 2/4 restant progressivement pour renforcer le lien de cause à effet que vous avez créé en lui.

Troisième étape : versez 1/4 de son repas dans la gamelle et attendez qu'il termine et qu'il vous observe. Récupérez la gamelle et versez 1/4 de plus et laissez-le manger. Faites-en de même pour les 2/4 restant.

Au prochain repas, donnez-lui la moitié de sa gamelle et pendant qu'il mange, essayez de récupérer celle-ci pour y ajouter 1/4 de plus, puis redonnez-lui, tout en le félicitant d'avoir gardé une attitude calme durant cette opération.

Parfois, la protection de ressources peut se faire en présence d'autres chiens. Voici un exercice que je vous conseille : dans une pièce calme et aérée avec vos loulous, donnez à votre chien souffrant de protection de ressources une croquette puis, pendant qu'il mange sa croquette, donnez à votre autre chien une autre croquette.

Attendez quelques instants, puis réitérez l'opération en recommençant par l'autre chien cette fois-ci. Si votre chien (souffrant de protection de ressources) réagit mal, ignorez-le :

- Ne le regardez pas ;

- Ne le touchez pas ;

- Ne lui parlez pas.

Arrêtez tout exercice et quittez la pièce immédiatement l'espace de 2 minutes. Vous ferez comprendre à votre chien qu'il a mis un terme à une situation à laquelle il prenait du plaisir. Il comprendra alors que pour obtenir ce qu'il veut, il faut qu'il soit calme et serein en présence de l'autre chien, notamment lorsqu'il est question de nourriture.

De là, dès que vous détectez qu'il reste calme lorsque vous donnez une friandise à l'autre chien, caressez-le et donnez-lui une friandise.

Pour ce qui est des repas, je vous conseille de ne pas isoler vos deux chiens, bien au contraire, mettez-les dans la même pièce, mais en veillant à maintenir une certaine distance entre les 2 au début. À chaque bon comportement de la part de votre chien, il vous suffira de rapprocher progressivement les gamelles. Si votre chien réagit mal, vous pouvez éloigner les gamelles et pratiquer les 2 premiers exercices dont nous avons discuté tout à l'heure.

Pour ce qui est des friandises "exclusives" qu'il peut recevoir pour son anniversaire par exemple, vous l'aurez compris, pour que votre chien puisse vaincre sa protection de ressources, il faut retirer ce côté exclusif ! Donc, soit vous augmentez l'apparition de ce type de friandise, soit vous décidez d'encadrer les moments où il sera en présence de ce genre de récompense. En soi, ce n'est pas un problème de le laisser tranquille si c'est une seule et unique fois par an.

MISE EN GARDE

Pour certains chiens, il est nécessaire de procéder avec beaucoup plus de précaution en évitant de brûler les étapes pour ne pas se blesser bêtement. Exemple : pour l'exercice de la gamelle, si votre chien éprouve une protection de ressource trop forte, avant de mettre votre main dans le sac de croquettes, je vous conseille d'user d'une pelle à croquettes pour verser les croquettes au compte-gouttes. Gardez une certaine distance entre votre main et sa gamelle, puis baissez progressivement votre main lorsque vous sentez qu'il commence à accepter celle-ci dans son espace de restauration. Observez rigoureusement ses réactions (grognement, aboiement) pour savoir si vous êtes trop rapide sur certains exercices.

Apprenez-lui les ordres "tiens" et "donne" (référez-vous au tome 2 pour connaître la marche à suivre), et suivez le processus suivant pour maximiser vos résultats :

Dans une pièce calme et aérée, munissez-vous d'un jouet et laissez votre chien jouer avec. Lorsque vous détectez qu'il commence à être beaucoup trop excité, et que vous avez des difficultés à lui retirer sa friandise car il montre des signes d'agressivité, pointez au niveau de sa truffe une délicieuse friandise qu'il se fera un plaisir de manger. Mais pour qu'il puisse la manger, il sera nécessaire qu'il lâche le jouet, ce qu'il fera naturellement. De là, récupérez le jouet, laissez-le manger sa friandise, demandez-lui un "assis", félicitez-le, et réitérez l'opération autant de fois que nécessaire.

Lorsque c'est une protection des jouets en présence d'autres congénères, je vous conseille de toujours récompenser votre chien lorsqu'il adopte le bon comportement et d'observer les jouets sur lesquels votre chien génère sa protection. Généralement, ça ne sera pas sur tous ses jouets mais sur quelques-uns en particulier. Dans ce cas, achetez-le en double pour supprimer le côté exclusif du jouet.

Souvenez-vous, la protection de ressources se manifeste par l'envie de protéger un élément parce qu'il est rare. Présentez ce même élément en abondance, et l'envie disparaîtra.

LES SOURCES DU PROBLÈME

Un chien qui adopte une attitude agressive lorsqu'un individu s'approche trop près de vous est un chien qui a peur de vous perdre.

Plus précisément, il a peur de perdre les bénéfices découlant de votre seule présence à ses côtés. Cela peut également se renforcer par votre état émotionnel et son besoin de vous protéger vis-à-vis de l'élément perturbateur, notamment s'il sent que vous n'arrivez pas à gérer vos émotions (vous stressez facilement ou vous avez peur).

En effet, vous nourrissez votre chien, vous le promenez, vous le caressez, vous lui donnez absolument tout, vous êtes donc (n'ayons pas peur des mots) une ressource primordiale à ses yeux. Mais comme nous l'avons vu auparavant, cette proximité et ce lien si fort fait de vous une ressource rare.

Souvent, la protection de ressources vis-à-vis des humains est corrélée à l'hyperattachement. Plus le chien est dépendant de vous, plus il pensera qu'il ne pourra pas vivre sans vous.

Résultat, il attendra votre retour, parfois pour manger, ou faire ses besoins. Il ne voudra pas rester seul, et deviendra agressif à l'approche de tout être vivant s'approchant trop près de vous, car il le verra comme une menace portant atteinte à ses intérêts propre, voire même à sa propre vie.

LE PLAN D'ACTION

La première chose à faire est de travailler les exercices d'hyperattachement avec lui pour le faire gagner en indépendance. Pour cela, référez-vous à la partie *"L'HYPERATTACHEMENT"* pour régler le problème.

Ensuite, lorsque vous êtes en mise en situation où vous constatez que votre chien commence à devenir agressif avec un autre chien ou une autre personne qui s'approche, surtout ne le caressez pas et n'essayez pas de le rassurer car il va croire que vous validez son comportement.

La bonne approche est de l'ignorer (ne pas le regarder, ne pas le toucher, ne pas lui parler) et de garder une attitude calme et sereine.

Dans un endroit calme (en intérieur ou en extérieur) demandez à une personne (complice) de venir vers vous. Lorsque votre chien commence à grogner, dite à la personne de s'arrêter net et attendez un retour au calme de votre chien. Lorsqu'il redevient calme, félicitez-le par la voix, et demandez à la personne de se rapprocher.

Procédez par étapes, ne laissez pas la personne s'approcher trop près de vous au début, appréciez le seuil de tolérance de votre chien et réduisez la distance à chaque fois qu'il reste calme.

Faites également en sorte que les personnes au sein de votre foyer s'occupent beaucoup plus de votre chien, en le promenant, en jouant avec lui, ou tout simplement en le nourrissant.

Si votre chien devient agressif à l'approche d'un autre chien de votre foyer, vous pouvez vous lever tout en ignorant votre chien, récupérer l'autre chien avec vous, et quitter la pièce pour revenir quelques minutes plus tard.

De là, dès qu'il adopte le bon comportement, félicitez-le pour qu'il comprenne que le meilleur moyen de vous garder à côté de lui, c'est d'adopter une attitude calme et sereine.

Plus généralement, à chaque fois qu'un autre chien ou une autre espèce animale rentre dans la pièce, félicitez votre chien par la voix et les caresses s'il reste calme. Pour en savoir plus, je vous invite à lire la partie *"LA COHABITATION AVEC UN AUTRE CHIEN"*.

Comprenez bien que pour maximiser vos résultats, vous vous devez de garder en permanence une attitude calme et sereine. Si vous sentez le stress ou la peur monter en vous, je vous invite à inspirer profondément durant 3 secondes, et à expirer lentement durant 3 autres secondes et réitérer l'exercice aussi longtemps que nécessaire pour vous apaiser. Se concentrer sur sa respiration évite le stress et apaise votre chien.

LE CHIEN QUI SAUTE

1- LES SOURCES DU PROBLÈME

Le but de l'éducation est d'adapter le comportement naturel et nécessaire du chien à la vie domestique. Tout, chez le chien est un comportement naturel et nécessaire. De plus, le chien est un être dit "symbiotique", c'est-à-dire qu'il s'adapte à l'Homme et se fie à celui-ci pour évoluer dans son environnement.

Si votre chien adopte un certain comportement, c'est qu'à un moment ou à un autre, de manière consciente ou inconsciente, vous l'avez validé !

C'est un classique des erreurs éducatives : le chien, lorsqu'il est chiot, saute sur tout le monde, on trouve ça mignon et on ne se soucie guère de l'avenir. Le problème est que le chien grandit, et sauter peut commencer à devenir un danger, notamment pour les enfants. Alors la satisfaction des 1er jours devient la réprimande des prochains. On passe son temps à gronder notre chien pour une attitude qu'on a nous même conditionnée en lui ! C'est la pire des injustices.

Si vous avez récupéré un chien de refuge qui saute, c'est le cheminement qu'il a dû suivre.

2- LE PLAN D'ACTION

Lorsque votre chien commence à sauter sur vous ou sur des invités, il est nécessaire de l'ignorer !

Petit rappel, l'ignorer c'est :

- Ne pas le regarder.

- Ne pas le toucher.

- Ne pas lui parler.

Si la situation ne se règle pas, quittez la pièce si vous êtes seul avec lui, ou demandez à vos invités l'espace d'un instant de rester à l'extérieur de votre maison, fermez la porte, laissez-le se calmer et retentez une nouvelle fois.

Au bout d'un moment, votre chien va comprendre que sauter sur les gens n'est pas la bonne approche. Il va donc réfléchir à une nouvelle technique pour attirer l'attention ou montrer son excitation : il est possible qu'il aboie ou qu'il chope le pantalon ; il est alors très important de toujours garder la même stratégie !

À terme, il va se calmer et essayer de réfléchir à autre chose, il vous suffira alors de le féliciter par la voix, par les caresses, et pourquoi pas par une friandise.

Il vient de comprendre que pour attirer votre attention, il lui suffit d'être calme !

LE CHIEN QUI NE REVIENT PAS AU RAPPEL

1- LES SOURCES DU PROBLÈME

Si votre chien ne revient pas au rappel, c'est qu'il n'a pas d'utilité à revenir, car les éléments qu'il croise à l'extérieur représentent une source de récompense beaucoup plus intéressante que vous.

Ce qu'il faut bien comprendre, c'est que face à l'environnement, vous perdrez toujours ! Il n'y a même pas de débat possible car votre chien peut capter votre attention quand il veut, il vous voit à l'intérieur de la maison comme à l'extérieur tout le temps. Cependant, ses congénères, les divers bruits, odeurs, et objets qu'il croise en promenade ne sont présents que l'espace de 30 minutes à 1 heure. En d'autres termes, ils sont plus intéressants que vous à ce moment précis.

Vous l'aurez compris, pour que votre chien revienne au rappel il est nécessaire de faire 2 choses :

- Faire de l'environnement, non plus une distraction pour votre chien, mais une récompense.

- Faire en sorte que vous-même, vous soyez une récompense pour lui.

Premièrement, renforcez le suivi naturel de votre chien. Qu'il soit chiot, adolescent, ou adulte, ce suivi naturel existe et persiste. Pour cela, je vous conseille lors des promenades dans des endroits sécurisés, et avec l'aide d'un complice qui va surveiller votre chien, de partir vous cacher. Laissez votre chien vous retrouver et félicitez-le chaudement lorsque c'est le cas.

Vous pouvez également augmenter la cadence de votre marche lors des promenades, ou changer de direction de temps à autre. À chaque fois que votre chien vous suit, félicitez-le, et si ce n'est pas le cas, attendez, qu'il y arrive.

Que ce soit à l'intérieur de la maison comme à l'extérieur, motivez-le dès qu'il fait un pas vers vous. Il comprendra ainsi qu'à chaque fois qu'il revient vers vous, il obtient de bonnes choses.

Deuxièmement, augmentez la rareté de votre voix ainsi que sa positivité. Pour avoir le plan d'action, veuillez-vous référer à la partie *"PROBLÈME D'ATTENTION ET D'ÉCOUTE"*.

Lors du rappel, rappelez-le une première fois et laissez-le venir à vous. Attendez un minimum de 5 minutes avant de procéder à un second rappel s'il n'a pas encore réussi.

Au moment où il revient, félicitez-le par la voix et motivez-le à continuer.

Il est possible qu'il ne revienne au rappel qu'à une fréquence de 20 ou 25 %. Ce n'est pas grave, car la prochaine fois, il reviendra à 30, 40, 50… 100 %. Ce n'est qu'une question de temps. Ici, le plus important est de lui faire comprendre qu'à chaque fois qu'il vient vers vous, il est récompensé.

Voilà comment on arrive à avoir un rappel efficace.

MORSURE, MORDILLEMENT, INHIBITION À LA MORSURE

Nous allons parler ici des morsures qui peuvent être graves de la part d'un chien adulte. Si c'est pour votre chiot, référez-vous directement au tome 2 où j'en parle en détail.

1- LES SOURCES DU PROBLÈME

Un chien adulte qui n'a pas une bonne inhibition à la morsure n'est pas une très bonne chose. Le chien peut mordiller en jouant et en réalité, ce n'est aucunement un problème. Cependant, cela devient problématique lorsque le chien en question n'arrive pas à gérer la force de ses mâchoires au point de pouvoir blesser sévèrement lorsqu'il est trop excité.

De nombreux chiens se sont déjà fait euthanasier à cause de ça. Il est nécessaire dans ce genre de situation de se protéger et d'apprendre au chien, étape par étape, à gérer la force de ses mâchoires. Voyons ensemble comment faire.

2- LE PLAN D'ACTION

La 1re étape est de gérer l'énergie de son chien. Référez-vous à la partie *"LE TROP-PLEIN D'ÉNERGIE"* pour savoir comment faire.

La 2e étape consiste à utiliser plusieurs couches de tissu afin de protéger son bras lorsque l'on va jouer avec lui. À chaque fois que celui-ci va mordre par excitation, on va émettre un "aïe" aigu et quitter la pièce (c'est exactement le même processus que pour les chiots, à la seule différence que l'on rajoute une protection corporelle). Plus on va répéter l'exercice, et moins la morsure du chien sera forte. On pourra au fil des progrès, réduire l'épaisseur du tissu protecteur jusqu'à l'enlever totalement.

À noter que cela peut être un exercice demandant beaucoup de temps. Le chien comprendra à terme que la peau des humains est très sensible, et qu'il faut donc faire très attention, notamment en période de jeu, que ce soit avec les adultes ou les enfants.

LE PICA ET LA COPROPHAGIE

Le pica est un trouble alimentaire consistant à ingérer des éléments non comestibles comme la terre, le plastique, ou les cailloux.

La coprophagie est un trouble consistant à manger ses selles ou les selles d'autres animaux (chats, chiens, lapins, etc.)

Lorsque le chien est chiot, ce comportement peut apparaître, pas comme un trouble du comportement, mais plutôt comme une découverte de son environnement. Dans ce cas, l'exercice à la fin de cette partie va vous aider à régler le problème.

Cela devient un trouble réel lorsque le chien le fait à l'âge adulte.

1- LES SOURCES DU PROBLÈME

Le pica ou la coprophagie peuvent être la manifestation d'un état émotionnel. En effet, un chien anxieux, qui s'ennuie, qui est stressé ou qui a peur, peut développer des activités déviantes, pour faire passer le temps ou extérioriser un état émotionnel. Cela peut alors se traduire par l'apparition de divers TOC (Troubles Obsessionnels Compulsif).

Une autre hypothèse viable est l'inconfort digestif se traduisant par des maladies ou une mauvaise hygiène alimentaire générant des carences.

Enfin, la dernière hypothèse est celle de la sénilité. Ces troubles peuvent faire partie des symptômes liés au vieillissement du chien.

2- LE PLAN D'ACTION

Le 1er réflexe si vous avez affaire à un chien adulte atteint de pica ou de coprophagie est de consulter un vétérinaire rapidement pour écarter la piste médicale.

Ensuite, je vous conseille d'enrichir le quotidien de votre chien par l'intermédiaire d'une dépense mentale et physique se traduisant par l'utilisation de jeux intelligents, de tapis de fouille, de TRICKS (pas bouger, fais le mort, donne la patte, etc.) et de sports canins (cani-cross, cani-vtt, dog-dancing, etc.).

Observez votre environnement et analysez si certains éléments peuvent le rendre anxieux ou peureux. Je vous invite également à surveiller votre comportement ; si vous avez tendance à le réprimander, il est temps de changer pour une méthode éducative beaucoup plus respectueuse de votre toutou.

De plus (votre vétérinaire sera plus apte à vous le dire), réfléchissez à l'alimentation de votre chien et demandez-vous si celle-ci ne génère pas des carences en lui.

Pour terminer, voici un exercice fort intéressant pour maximiser vos résultats, et permettre petit à petit à votre chien de gérer son comportement en présence d'excrément ou d'éléments non comestibles. Cela s'appelle *le refus d'appât*.

Je vous conseille pour cet apprentissage 2 types de friandises :

- une friandise d'appât qui sera utilisée comme appât pour le chien.

- Une friandise de récompense qui servira à féliciter votre chien lorsqu'il adoptera le bon comportement.

Point très important : d'une part, veillez à ne jamais donner la friandise d'appât à votre chien. D'autre part, assurez-vous à ce que la friandise de récompense soit plus attractive que la friandise d'appât.

Dans un 1er temps, positionnez la friandise d'appât à l'intérieur de votre main, fermez celle-ci, présentez-lui votre main et observez-le. En toute logique, il va essayer de récupérer la friandise à l'intérieur de votre main, mais ne va pas y arriver et dévier du regard au bout d'un moment. Lorsqu'il dévie son attention de la friandise d'appât, félicitez-le avec une friandise de récompense. Répétez jusqu'à assimilation parfaite de l'exercice par votre chien.

Dans un 2e temps, posez la friandise d'appât sur le sol et recouvrez-la à l'aide de votre main, puis observez votre chien. Lorsqu'il aura terminé de s'intéresser à cette friandise qu'il n'arrive pas à récupérer à cause de votre main, félicitez-le. Réitérez l'exercice jusqu'à assimilation.

Dans un 3e temps, nous allons intégrer un ordre clé comme le "tu laisses". Pour cela, mettez une friandise au sol en la laissant cette fois-ci visible à la vue de votre chien. Dès qu'elle est au sol, prononcez l'ordre "tu laisses !" à votre chien avec un timbre de voix confiant et positif, puis observez-le. S'il détourne l'attention, récompensez-le avec une friandise de récompense.

Si au contraire il essaye de manger la friandise, il peut être judicieux de lui apprendre les ordres *tiens* et *donne* (rendez-vous au tome 2 pour cela).

Dans un 4ᵉ temps, dotez votre chien d'une laisse et jetez quelques friandises d'appât par terre, puis passez avec votre chien à proximité des friandises tout en lui disant "tu laisses !". À chaque fois qu'il ignore les friandises au sol en détournant le regard, récompensez-le avec votre friandise de récompense. Enfin, recommencez l'exercice jusqu'à assimilation complète.

À ce stade, vous pouvez augmenter la difficulté en augmentant la qualité ou la quantité des friandises d'appât par terre. À chaque succès, donnez-lui une friandise de récompense.

Votre chien va ainsi comprendre que ce qu'il doit manger n'est pas ce qui est par terre, mais bien ce qui vient de vous directement. C'est pour cela qu'il est si important de ne surtout pas donner les friandises au sol à votre chien. Veillez à garder la même cohérence tout au long de l'exercice.

Je vous invite durant les exercices à marquer un temps d'arrêt à proximité de chaque friandise d'appât, ou encore mieux, le laissez en liberté et lui dire "tu laisses" à une certaine distance.

Pour terminer, retirez progressivement les friandises de récompense, et remplacez-les par des félicitations par la voix et des caresses pour toujours. Pour cela, passez d'une utilisation totale des friandises de récompense à une utilisation une fois sur 2, en veillant en parallèle à le féliciter par la voix et les caresses, jusqu'au moment où vous pourrez lui donner des friandises de récompense de manière occasionnelle.

Procédez finalement à une mise en situation en extérieur, afin d'ancrer le bon comportement en lui. Ne vous découragez pas, la pratique et le temps sont vos alliés de poids dans la résolution de ce problème.

LA DESTRUCTION

1- LES SOURCES DU PROBLÈME

La destruction est un vrai... faux problème. Il est l'expression d'un état émotionnel lié à un problème beaucoup plus profond, mais est en aucun cas le problème principal. Votre chien ne détruit pas pour le plaisir de détruire.

Votre chien peut détruire car :

- il s'ennuie.

- Il souffre d'hyperattachement.

- Il essaye d'évacuer un stress ou une anxiété.

On distingue la destruction lors des absences de la destruction lors des présences. Comprenez qu'en fonction du contexte et du degré de destruction, la cause et le comportement à adopter seront différents.

En effet, si votre chien détruit devant vous, on peut rajouter comme cause :

- la tentative d'attirer l'attention.

Votre chien peut également générer des TOC (Troubles Obsessionnel Compulsif) sur certains objets, meubles, ou murs de votre maison. Les TOC dans la destruction représentent des problèmes sous-jacents comme celui de l'ennui ou du stress. En effet, si votre chien s'ennuie, il peut prendre l'habitude de détruire pour combler le vide.

2- LE PLAN D'ACTION

Prenez le temps d'observer votre chien et de vous demander pourquoi il détruit. Le fait-il durant vos absences ou votre présence ? Quels sont les éléments qu'il détruit ? Ont-ils une odeur ou une forme particulière ?

Si vous positionnez une caméra à l'intérieur de votre maison lors des absences, que fait-il ? A-t-il créé un rituel avant et après ses destructions (chouinement, aboiement, etc.), et pendant combien de temps ?

S'il le fait en votre présence, quelle est votre réaction ? Si vous essayez de l'ignorer, que fait-il ?

L'ensemble de ces questions va vous permettre de trouver le problème se cachant derrière ce comportement et de le régler plus facilement. Si c'est un problème d'hyperattachement, je vous invite à lire la partie *"L'HYPERATTACHEMENT"* de ce livre, si c'est un problème d'ennui, la partie *"LE TROP-PLEIN D'ÉNERGIE"* est faite pour vous, et si c'est une demande volontaire d'attention, la partie *"LA DEMANDE D'ATTENTION"* vous intéressera particulièrement.

Vous trouverez forcément votre bonheur pour régler les problèmes de destruction de votre chien. Tâchez tout de même de garder une certaine cohérence dans vos actions et d'observer son comportement, notamment par l'intermédiaire d'une caméra : vous gagnerez du temps.

PROBLÈME D'ATTENTION ET D'ÉCOUTE

1- LA SOURCE DU PROBLÈME

Vous êtes la seule et unique source du problème. Je sais c'est frontal, mais il est nécessaire de vous dire les choses noir sur blanc. Votre chien ne vous écoute pas, car vous-même vous ne l'écoutez pas. Mais comprenez que vous êtes la source de tout son processus éducatif, ce qui signifie que vous devez être à l'initiative de chaque nouveau comportement.

Si votre chien ne vous écoute pas, c'est qu'il n'en trouve pas l'utilité. Que ce soit en intérieur ou en extérieur, peut-être que vous essayez d'imposer votre vision à votre chien, ce qui ne fonctionne guère. Alors, l'erreur de beaucoup de personnes est de générer une escalade de l'autorité, elles vont alors essayer d'impressionner le chien en criant, en réprimandant, et j'en passe.

Mais souvenez-vous qu'en faisant ça, votre chien ne vous respectera jamais. Au mieux, il vous redoutera et aura peur de vous.

Gardez donc en tête que l'éducation, c'est avant tout de l'écoute, de la bienveillance, et du respect : pas de l'autorité, des réprimandes, et de la peur.

2- LE PLAN D'ACTION

Utilisez la psychologie de votre chien à votre avantage. Respectez-le et il vous respectera, écoutez-le et il vous écoutera.

La première chose que je vous conseille de faire est d'augmenter la rareté de votre voix. En lieu et place de dire *"10 ordres en 10 secondes"* (exemple cliché je vous l'accorde), préférez dire "1 ordre toute les 20 à 30 secondes". Même si votre chien ne vous écoute pas au début, ce n'est pas grave, continuez à espacer le temps des ordres et à vous y tenir. À cela, je vous invite à toujours garder une voix positive et confiante en permanence, et à féliciter votre chien par la voix à chaque fois qu'il adopte le bon comportement.

Votre chien comprendra très vite que d'une part, lorsque vous parlez, c'est pour dire quelque chose d'important, et d'autre part, qu'à chaque parole que vous prononcez, c'est pour obtenir une *récompense* très intéressante.

Soyons sincère, entre une pipelette qui parle sans cesse, et un moine qui parle peu mais qui a la sagesse, le choix est très vite fait. Ne faites pas de votre voix un bruit de fond car c'est exactement ce que votre chien a fait de celle-ci jusqu'à maintenant.

Lorsque vous êtes à l'extérieur et que vous êtes face à l'environnement, utilisez la méthode Premack pour faire des distractions de votre chien des récompenses dans le processus éducatif.

Lorsqu'il est en laisse, qu'il commence à ne plus vous écouter et à tirer pour aller voir la source de sa distraction, laissez-le tirer dans le vide, attendez qu'il se calme, puis lorsqu'il est calme, demandez-lui de s'asseoir, félicitez-le par la voix, et donnez-lui l'opportunité d'aller voir l'élément en question. Il comprendra alors que le fait de s'asseoir lui permet d'obtenir de très bonnes choses : il vous demandera la permission, et portera une oreille beaucoup plus attentive à votre égard à l'avenir.

En complément, vous pouvez utiliser les exercices que l'on utilise généralement dans l'apprentissage du rappel, c'est-à-dire :

- le renforcement du suivi naturel : partez vous cacher dans un endroit, et laissez votre chien vous trouver, puis félicitez-le lorsque c'est le cas.

- les changements de direction : sans avertir votre chien (et en évitant tout à-coup), changez de direction, augmentez ou diminuez votre cadence de marche, et félicitez-le chaudement lorsqu'il vous suit.

Pour en savoir plus, je vous redirige vers la partie *"LE CHIEN QUI NE REVIENT PAS AU RAPPEL"*.

ABOIEMENTS INTEMPESTIFS

Nous entendons par aboiements intempestifs ceux faisant partie de la catégorie : *"il y a du bruit dans le couloir, le chien aboie"*, ou encore *"une voiture ou un vélo passe, le chien aboie"*

1- LES SOURCES DU PROBLÈME

Le chien possède une génétique qui lui est propre et qui diffère en fonction de sa race. De nombreux chiens ont des "patrons-moteurs" liés à la garde, et chez certaines races (plus prédisposées), ces patrons-moteurs peuvent être beaucoup plus présents.

C'est souvent les patrons-moteurs de garde qui s'expriment lorsqu'on parle d'un chien aboyant à l'approche d'un facteur, ou d'un invité. Pour ce qui est des aboiements liés à des vélos ou des voitures, cela peut être de la peur ou bien de la prédation. Dans ce cas, les aboiements sont corrélés à la poursuite : le chien va alors courser le cycliste ou la voiture en question.

SI VOTRE CHIEN ABOIE LORSQU'IL ENTEND DU BRUIT DANS LE COULOIR OU À L'EXTÉRIEUR

Si votre chien aboie lorsqu'il entend du bruit dans le couloir ou à l'extérieur, je vous invite à reproduire ce bruit et user de la technique suivante :

Positionnez-vous à l'intérieur de la maison avec votre chien et commencez à jouer avec lui. À l'aide d'un complice, générez du bruit à l'extérieur de la maison ou dans le couloir. L'objectif ici est d'habituer votre chien au bruit positivement, sans qu'il s'en rende compte.

Pratiquez l'exercice et refaites une mise en situation mais cette fois-ci, uniquement en observant sa réaction. Si vous remarquez qu'il adopte une attitude calme et sereine lorsqu'il y a du bruit à l'extérieur, félicitez-le ! Plus généralement, félicitez-le par la voix à chaque fois qu'il est calme. Si au contraire, il adopte la mauvaise attitude, soyez patient et continuez à travailler l'exercice précédent.

SI VOTRE CHIEN ABOIE LORSQUE VOTRE PORTE SONNE

Vous pouvez utiliser la technique précédente. Une variante est la suivante :

À l'aide d'un complice, actionnez la sonnerie de votre porte une première fois, et laissez votre chien aboyer. Puis, la seconde fois, au moment même ou la sonnerie se déclenche, réorientez son attention à l'aide d'un jouet ou d'une friandise. Forcément, il ne peut pas aboyer s'il a un jouet en bouche ou une friandise à manger. Réitérez l'exercice pour qu'il puisse s'y habituer progressivement.

SI VOTRE CHIEN COURSE LES VÉLOS, OU LES VOITURES

La règle est simple : en laisse, lorsque votre chien commence à aboyer et à tirer pour atteindre la voiture ou le vélo en question, arrêtez-vous net et attendez qu'il se calme. Lorsqu'il redevient calme, félicitez-le par la voix et continuez votre promenade jusqu'au prochain croisement. Cette stratégie s'inspire du contre-conditionnement et de la désensibilisation progressive dont nous avons discuté dans la partie : ***"L'AGRESSIVITÉ ENVERS LES CONGÉNÈRES"***.

Comme vous le voyez le but principal est de faire disparaître la peur du chien si c'est le cas, ou de lui faire comprendre lorsqu'il est chez lui que le facteur ou les invités ne sont pas une menace, pour lui comme pour vous.

LES ORDRES "ABOIE" ET "SILENCE"

Il est possible que la situation que vous vivez ne figure pas dans les exemples que je viens de vous donner. Et à juste titre car ce livre n'a pas vocation à lister toutes les déviances possibles et imaginables, mais plutôt à définir les déviances les plus fréquentes pour vous donner un plan d'action que vous pourrez adapter à votre profil.

Il y a un exercice fort intéressant et très efficace dans le cas d'un chien qui aboie en votre présence, c'est le fait de lui apprendre l'ordre "aboie" et l'ordre "silence".

Pourquoi ça marche ? Car on se base sur le principe n°1 de l'éducation positive scientifique, qui est que un chien recherche 2 choses dans sa vie : des récompenses et de l'attention, en sachant que votre attention est une récompense dans son processus éducatif.

Pour apprendre à votre chien à aboyer sur commande, il est nécessaire de trouver un élément qui le fait aboyer. Si la sonnette de votre porte y arrive, alors utilisez-la !

Avec l'aide d'un complice, actionnez la sonnette de votre porte une première fois, et laissez votre chien aboyer tranquillement. Puis la seconde fois, dites à votre chien "aboie !" puis actionnez la sonnette.

À force de pratique et si l'ordre "aboie" est suffisamment proche du bruit de la sonnette, alors votre chien assimilera l'ordre sans même s'en rendre compte. Ensuite, durant un moment où il n'a pas l'envie d'aboyer, dites à votre chien "aboie !" S'il aboie, félicitez-le par la voix et réitérez l'exercice.

Il est temps de lui apprendre l'ordre "silence". Pour cela, dans un endroit calme, demandez à votre chien d'aboyer. Puis, pointez une friandise au niveau de sa truffe et dites-lui "silence !" De là, s'il souhaite avoir sa friandise, il faudra qu'il fasse silence : *on ne peut pas manger et aboyer en même temps*.

À ce stade, ne félicitez plus votre chien lorsqu'il aboie. Faites-le lorsqu'il arrête de le faire.

Pratiquez le duo "aboie/silence", et utilisez-le intelligemment, à chaque fois que vous estimez que votre chien aboie de manière intempestive.

Rien ne vous empêche d'utiliser cette technique avec les autres dont on a discuté au préalable, ça n'en sera que meilleur.

LA DEMANDE D'ATTENTION

1- LES SOURCES DU PROBLÈME

Votre chien recherche 2 choses dans sa vie…

Dois-je vraiment continuer cette phrase ? Je pense que vous la connaissez par cœur désormais car je vous la rabâche toute la journée lol !

Mais bon, une de plus, une de moins…

Allez, tous en chœur !

… des récompenses et de l'attention, en sachant que votre attention est une récompense dans son processus éducatif !

Votre chien va donc chercher des attitudes à adopter qui lui rapporteront un maximum de plaisir. Mais souvent, certains comportements de sa part ne seront pas en concordance avec la vie domestique.

Je vais tout de même nuancer mes propos ici. Lorsque votre chien essaye de capter votre attention, ce n'est pas forcément mauvais. Cela peut être pour avoir quelques caresses, vous montrer une chose ou vous dire que quelque chose ne va pas, mais parfois, il peut le faire par pur "caprice". Entendez par caprice un comportement qui porte atteinte à l'harmonie de votre duo et qui, au quotidien, devient gênant.

Dans ce cas, il est nécessaire de régler la situation rapidement.

2- LE PLAN D'ACTION

Si, lorsque vous observez votre chien, vous vous rendez compte qu'il adopte un certain comportement uniquement pour attirer votre attention (aboiement, grognement, destruction, etc.), il vous suffit de ne pas lui donner votre attention. Dans ce cas, vous l'ignorez totalement.

Puis vous faites ce que j'appelle un "contre balancement", c'est-à-dire que vous lui donnez toute votre attention uniquement lorsqu'il adopte la bonne attitude à votre égard.

Pour revenir au fait d'ignorer votre chien, c'est très simple, lorsque vous ignorez votre chien vous ne devez :

- Ni le regarder.

- Ni le toucher.

- Ni lui parler.

Si le comportement qu'il adopte n'est toujours pas le bon, je vous invite à quitter la pièce l'espace de quelques minutes et revenir ensuite. Il va ainsi comprendre qu'il a mis un terme à une situation à laquelle il prenait du plaisir.

LE TROP-PLEIN D'ÉNERGIE

1- LES SOURCES DU PROBLÈME

Faisons un petit exercice de visualisation ensemble.

Imaginez un bocal translucide pouvant contenir 1 litre d'eau de sources des Pyrénées. Vous l'avez ?

Imaginez que chaque matin à 7 h 01, vous remplissiez ce bocal de cette excellente eau.

Votre objectif durant la journée est simple : boire ce litre d'eau. Si vous ne buvez pas la totalité, le lendemain matin, 1 litre de plus va venir s'ajouter au bocal.

Que pouvons-nous en conclure ? Que si vous laissez la moitié du bocal rempli par exemple, le lendemain, le bocal va déborder, car 1 litre va venir se rajouter au 0,5 litre déjà existant. Pour qu'il ne déborde pas, il est donc nécessaire de boire très exactement 1 litre par jour.

L'énergie de votre chien est exactement la même chose ! Chaque matin, il se lève avec un stock d'énergie à utiliser durant la journée.

Mais bien souvent, ce stock d'énergie n'est pas totalement consommé lorsque le soir arrive, et que la lune montre le bout de son nez…

Résultat ? Le lendemain matin, le chien se retrouve avec un nouveau stock d'énergie et un excédent qu'il va devoir extérioriser.

Mais il y a encore pire...

Vous n'êtes pas sans savoir que certains chiens comme le Berger allemand ou le Beagle ont des prédispositions génétiques car certains ont été conçus pour des tâches bien définies. Je ne vous apprends rien en vous disant que les races de chiens que vous connaissez à l'heure actuelle sont le fruit de l'Homme.

Le fait est que l'évolution de la société a contraint la quasi-totalité des races à abandonner leur *"métier"*, pour se retrouver cantonnée à côté d'un canapé.

Et la génétique dans tout ça ? Et bien elle peut désormais aller se faire voir, car tout le monde l'a oubliée…

Et pourtant, la génétique a une responsabilité plus qu'importante dans la gestion de l'énergie de votre chien et des activités que l'on va choisir de faire en duo avec lui.

Personne ne penserait laisser un Jack Russell durant toute une semaine à la maison sans le promener... Sur une base théorique, c'est un chien qui a énormément d'énergie en lui et qui a besoin d'une dépense quotidienne importante.

Que ce soit un Jack Russell ou une autre race, vous devez dès maintenant prendre conscience que les chiens ont des besoins différents d'une race à l'autre, et que si vous souhaitez éviter des destructions chez vous (entre autres), vous devriez réfléchir à une stratégie pour le dépenser efficacement et positivement.

Ça tombe bien, c'est ce que nous allons voir tout de suite.

2- LE PLAN D'ACTION

Les chiens adorent avoir un métier ou des choses à faire ! Voyez un peu la place de certaines races de chiens dans nos sociétés, comme le Berger allemand, ou le Golden Retriever. De nombreux chiens aident tous les jours les personnes aveugles, handicapées ou âgées.

Certains usent de leur flair pour détecter le cancer ou d'autres maladies. Tandis que d'autres portent fièrement les couleurs de leur patrie.

Mais bien que de nombreux chiens aient des métiers, et parfois même de nombreuses médailles lors de leur retraite, ce n'est pas le cas de la majorité des chiens.

Donc, comment faire si votre chien n'a pas de métier pour se dépenser ?

Il existe des moyens tout aussi efficaces pour y arriver.

Cani-cross, cani-vtt, dog-dancing, sont des sports très populaires actuellement, permettant à votre chien de se dépenser, tout en améliorant la relation que vous avez avec lui. Il est nécessaire d'avoir (comme tout sport) un équipement adéquat pour pouvoir le pratiquer en toute sécurité.

LA DÉPENSE MENTALE & PHYSIQUE

Les jeux intelligents, les tapis de fouille, les balles à nourriture, ou les TRICKS (pas bouger, fais le mort, donne la patte, etc.) vont permettre à votre chien de se dépenser mentalement. Et on le sait, la dépense mentale est tout aussi efficace que la dépense physique. Que ce soit en intérieur ou en extérieur, vous pouvez la pratiquer à des moments stratégiques de la journée, comme :

- avant le coucher ;

- Le matin au lever ;

- Durant les promenades pour redynamiser le trajet.

La dépense mentale permet de casser les mauvaises habitudes, de stabiliser l'énergie de votre chien, et de le mettre dans une position gagnante pour lui permettre d'adopter les bons comportements.

Eh oui ! Observer votre chien, sa race, ses prédispositions génétiques est primordial. Mais je vous conseille également d'observer son comportement : avant, pendant et après les promenades.

Parce que oui… Il y a quelque chose que je ne vous ai pas dit. Au sein d'une même race, l'énergie peut également varier !

Ha... la complexité canine !

Bref... Observez, observez, observez, et enfin.. OPTIMISEZ !

Si vous sentez que votre chien n'est pas assez dépensé, vous pouvez augmenter le temps des promenades ou leur intensité. Pour augmenter l'intensité d'une promenade, il suffit de l'enrichir avec des activités (tricks, moment de jeu en duo, période de liberté, croisement, promenade groupée, etc.)

De la même manière, si vous sentez qu'il est trop dépensé, il vous suffit de diminuer certaines activités. Bien qu'en règle générale, il soit très rare de *"sur-dépenser"* votre chien, car vous verrez ses limites très rapidement.

<h1 style="text-align:center">LE CHIEN QUI FUGUE</h1>

1- LES SOURCES DU PROBLÈME

Premièrement, votre chien peut fuguer lors des chaleurs, que ce soit les mâles ou les femelles. Ce changement de comportement s'explique par l'action des hormones qui peuvent exciter le chien, au point de lui faire adopter un comportement non conforme à votre processus éducatif.

Deuxièmemement, on dit souvent que l'herbe est plus verte ailleurs, ou qu'elle est plus grasse dans le pré du voisin. Cette expression s'utilise lorsqu'on imagine qu'une situation dans un autre endroit, est bien meilleure que celle que l'on vit actuellement au même moment.

Votre chien peut appliquer exactement la même approche lorsqu'il fugue. En effet, si votre chien s'ennuie et qu'il détecte à l'extérieur plusieurs éléments pouvant être plus bénéfiques pour lui, alors pourquoi s'en priverait-il ?

Comprenez bien que votre chien recherche des choses positives dans sa vie. Si ses copains, des odeurs, ou des bruits l'attirent, mais qu'il n'y a rien chez vous pour qu'il puisse s'occuper, ou qu'il a assimilé l'intérieur de votre maison à du négatif, il ne va pas se priver de partir le plus rapidement possible. Ce comportement se renforcera à chaque fois que vous le réprimanderez lors de ses retours.

Enfin, votre chien peut fuguer par instinct de prédation. En effet, j'ai déjà eu plusieurs personnes dont les chiens ont été retrouvés dans des poulaillers !

2- LE PLAN D'ACTION

Un chien qui fugue est un chien qui a trouvé un moyen de partir. La 1re chose que vous devez faire est de vous assurer qu'aucune ouverture n'est possible au niveau de votre clôture. Vérifiez au minimum une fois par semaine la qualité de vos clôtures et faites le nécessaire si vous détectez des trous ou usures.

À l'intérieur de votre maison, veillez, lors de vos absences, à fermer vos fenêtres et vos portes pour que votre chien ne puisse pas fuguer. Lorsque vous êtes présent, faites de même, cela pour limiter les risques de fugue.

Maintenant que tout cela est fait, passons à la résolution du problème en profondeur. Enrichissez le quotidien de votre chien lorsqu'il est chez vous ! Occupez-le par l'intermédiaire de jeux intelligents ou de tapis de fouille. Laissez-lui à disposition des jouets pour qu'il puisse s'occuper.

Veillez à ne jamais le réprimander, mais préférez l'ignorer, réorienter son attention, ou le féliciter lorsqu'il adopte le bon comportement.

Lorsque vous rentrez de promenade avec lui, avant de rentrer chez vous, demandez-lui de s'asseoir et dès qu'il est assis, félicitez-le et ouvrez votre porte.

Lorsque vous le croisez à l'intérieur de la maison, récompensez-le par la voix à la suite de sa bonne attitude à votre égard.

Si vous avez un mâle, castrez-le. Si vous avez une femelle, stérilisez-la ! Demandez à votre vétérinaire de plus amples informations à ce sujet.

Je pense qu'il est important de stériliser son chien, d'une part pour éviter certains risques de santé, et d'autre part, car un particulier n'a pas à faire une portée sous prétexte que *"le chien est LOF et que c'est une jolie race"*.

Je profite de cette partie pour vous notifier le fait qu'être éleveur est un métier nécessitant une formation (et ce n'est pas pour rien).

Et pour celles et ceux qui pensent que c'est "méchant" de faire castrer ou de faire stériliser son animal parce que c'est contre nature, je vous réponds la chose suivante :

"n'est-ce pas plus méchant que de laisser votre chien s'exposer à des risques de tumeur par exemple ?"

Si on stérilise un animal, c'est pour son bien, prenez en compte qu'un chien qui fugue est un chien qui s'expose à de nombreux risques, comme l'enlèvement ou les accidents de la route. Si on aime son chien, on le stérilise !

Mon point de vue est certes radical et, à bien des niveaux, en désaccord avec la pensée unique, mais j'assume mes propos, nous pourrions éviter de nombreux drames si nous prenions le réflexe de faire stériliser nos chiens.

Enfin, je vous invite à optimiser l'énergie de votre chien, tant sur le plan mental que physique. Pour cela, je vous réoriente vers la partie *"LE TROP-PLEIN D'ÉNERGIE"*.

LES PROBLÈMES DE COMMUNICATION CHIEN/CHIEN

1- LES SOURCES DU PROBLÈME

Certains chiens sont mal codés. C'est-à-dire qu'ils n'arrivent pas à se faire comprendre ou à comprendre leurs congénères. Nous parlons ici des signaux d'apaisement et de mise en garde. En effet, certains chiens ayant été séparés trop tôt de leur mère, ou n'ayant pas eu la possibilité d'avoir une bonne socialisation ne connaissent pas ou peu ces moyens d'expressions.

Rappelez-vous qu'un chien respecte 3 règles pour évoluer en société canine :

- Éviter le plus possible l'agression dans les interactions sociales : pour cela, le chien va user de signaux d'apaisement (bailler, plisser des yeux, tourner la tête, etc.) ou de mise en garde (grognement, retroussement des babines, etc.) pour éviter la bagarre ;

- Respecter l'espace de vie de chaque individu ;

- Respecter les ressources de chaque individu.

Sur cette base, les chiens qui ne connaissent pas la communication canine peuvent ne pas se faire comprendre vis-à-vis de leurs congénères, ce qui va à coup sûr entraîner des conflits.

Ne cherchez pas midi à 14 h, allez à 14 h direct !

Procédez à des promenades avec des chiens bien codés, qui pourront aider votre chien à apprendre les codes canins, en corrigeant les mauvais comportements de votre toutou pour les réorienter vers les bons. Il sera nécessaire que ces toutous soient sociables et ne réagissent pas par l'agression.

Vous trouverez certainement votre bonheur sur certains groupes Facebook positifs de promenade de votre région, mais bientôt, vous pourrez le faire sur le réseau social de Toutou Pour Lui qui, à l'heure où j'écris ces quelques lignes, est en stade de développement. Peut-être qu'il sera déjà disponible au moment où vous lirez ce paragraphe, et tant mieux ! Dans ce cas, je prends les devants et je vous dis de nous rejoindre tout de suite, vous allez voir c'est très cool !

On dit souvent qu'on est la somme des 5 personnes qu'on fréquente, *il en est de même avec un toutou.*

Si loulou fréquente des chiens sociables, il sera sociable, car le chien a la faculté d'apprendre par mimétisme. Profitez-en donc à fond, et n'oubliez pas de le féliciter à chaque fois qu'il adopte le bon comportement.

Vous pouvez également optimiser votre processus en lui apprenant l'ordre "doucement". En réalité, j'ai remarqué que cet ordre s'apprend sans vraiment l'apprendre à votre chien. En effet, il vous suffit à chaque fois que vous observez votre chien passant d'un état excité à un état calme, ou dans des situations où vous le trouvez brusque, de tout simplement lui dire "doucement" pour qu'au fur et à mesure, il assimile le sens de cet ordre.

À terme, il saura que doucement signifie : *"diminuer l'intensité de ses mouvements, afin d'agir avec beaucoup plus de souplesse"*.

LES PROBLÈMES DE COMMUNICATION HUMAIN/CHIEN

1- LES SOURCES DU PROBLÈME

Ce n'est jamais agréable d'entendre que l'on est en tort mais c'est tellement bénéfique. Trop souvent j'entends :

"mon chien ne m'écoute pas, ne m'aime pas, et se fout totalement de moi...".

La question que moi je vous pose est : *"qu'avez-vous fait à l'heure actuelle pour régler ça ?"*

Comprenez que vous êtes la source de vos maux. Si votre chien ne vous écoute pas, c'est parce que vous ne l'écoutez pas. S'il vous donne l'impression de ne pas vous aimer, c'est parce que vous lui donnez cette même impression, et s'il se fout totalement de vous, c'est parce que, à bien des niveaux, vous faites également la même chose.

Comme vous le voyez, votre chien est un miroir qui va reproduire votre comportement. Et souvent, l'erreur de beaucoup lorsqu'un chien ne les écoute pas, est de faire une escalade de la réprimande et de l'autorité, ou bien un abandon total du processus éducatif.

Donc, soit on ne l'éduque plus, soit on use de la force, mais ça ne marche pas comme ça...

L'une des barrières entravant le processus éducatif de beaucoup est la barrière de la langue. Là où l'humain parle le français, l'allemand, ou que sais-je encore, le chien lui, parle… le CHIEN !

Et donc il a un langage propre, possédant ses propres codes et sa propre complexité. Ce n'est pas en regardant les autres congénères ou la mère de votre chien, et en reproduisant leurs comportements que vous réussirez à vous faire comprendre de votre chien, c'est bien trop facile.

Par contre, il existe une brèche, un langage commun entre toutes les espèces : c'est le *langage de l'âme*. N'avez-vous jamais remarqué que parfois, le simple fait de regarder votre chien est suffisant pour qu'il vous comprenne ?

Lorsque vous communiquez à l'aide du non-verbal, vous maximisez vos résultats, car vous êtes tous les deux dans la même dimension de communication. Parlez avec votre énergie, parlez avec vos émotions.

Soyez la source, que ce soit pour l'observation, la communication, et la prise d'initiative. Montrez tout simplement le chemin à votre chien et ignorez ses erreurs.

Ne rentrez pas dans le schéma de domination, de hiérarchie et de punitions de certaines méthodes éducatives obsolètes.

Soyez dans le *"nous"* et non dans le *"je"*. L'éducation canine ne doit pas satisfaire qu'une seule partie mais les 2.

Enfin, comprenez que votre chien a des besoins aussi à satisfaire. Parfois il sera heureux, parfois malheureux, parfois plein d'énergie et parfois fatigué, ce n'est pas une machine !

Il aura des hauts et des bas, tout comme nous. N'attendez pas de lui qu'il soit toujours là pour vous combler d'amour, car c'est lui mettre une pression énorme sur les épaules.

Gardez en tête qu'une vraie relation se construit dans les bons comme dans les mauvais moments, et que c'est comme ça que l'on renforce sa relation avec son chien. Si vous n'êtes présent que pour les bons moments mais que votre chien remarque que vous n'êtes jamais présent lorsqu'il va mal, pourquoi vous écouterait-il ?

C'est de ça dont il est question. Pour réussir à construire une vraie relation, vous devez vous remettre en question, car la source du problème, *c'est vous*.

Lorsqu'il adopte un mauvais comportement, posez des questions ouvrantes vous permettant de résoudre le problème :

"Pourquoi fait-il ça ? Quel est l'élément déclencheur ? Quel est mon comportement en réaction ?"

Prenez l'habitude d'user de ces 3 techniques pour pouvoir l'éduquer :

- l'ignorer s'il adopte le mauvais comportement.

- Réorienter son attention si c'est possible et nécessaire.

- Le féliciter lorsqu'il adopte le bon comportement.

LE MARQUAGE URINAIRE

1- LES SOURCES DU PROBLÈME

Votre chien peut procéder à un ou plusieurs marquages urinaires chez vous. En soi, ça ne pose pas de problème lorsqu'il est fait à l'extérieur de la maison. Mais quand votre chien commence à marquer de quelques gouttes les meubles de votre maison, c'est tout autre chose.

Ce qu'il faut bien comprendre, c'est que votre chien utilise le marquage urinaire pour pouvoir communiquer avec ses congénères. Si cela est plausible lorsque vous avez plusieurs chiens dans la maison, cela l'est moins lorsque votre chien est tout seul. Alors, qu'est-ce qui peut induire ce comportement ? Les hormones.

Si votre chien n'est pas castré, il peut adopter ce comportement.

Une autre piste est celle de l'hyperattachement.

Surprenant me direz-vous, puisque la pensée unique ne parle jamais de cette hypothèse. Mais réfléchissons un instant, si votre chien n'arrive pas à gérer la solitude, il va donc extérioriser un certain état émotionnel par un comportement déviant, et pourquoi ne le ferait-il pas par le marquage urinaire ?

Ce sont ici des hypothèses à vérifier, et aussi farfelues qu'elles puissent être, il ne faut pas les écarter.

2- LE PLAN D'ACTION

Le 1er réflexe à avoir est de faire castrer votre animal pour *réduire* ce comportement.

Si vous voyez que le marquage continue, observez les zones et les moments où il a tendance à faire. Pour les cas que je traite dans la communauté Toutou Pour Lui, j'ai remarqué que les zones de marquage sont toujours les mêmes. Ce qui signifie que votre chien a créé une habitude en relation avec une certaine zone de votre maison.

Si vous le prenez sur le fait, cassez cette habitude en modifiant la disposition des meubles de l'environnement. Puis, en complément, sortez-le à l'extérieur de la maison 5 à 10 minutes avant qu'il fasse son marquage.

S'il procède au marquage urinaire lors des absences, je vous invite à le dépenser physiquement et mentalement, avant vos départs et lors de vos retours. Pour cela je vous redirige vers la partie *"LE TROP-PLEIN D'ÉNERGIE"*. N'hésitez pas à le positionner dans une pièce pour limiter les erreurs (voir le tome 2 de mon livre sur le sujet) en attendant.

En règle générale, le chien qui fait un ou plusieurs marquages le fera en votre présence comme en votre absence, mais si vous détectez qu'il le fait exclusivement en votre absence, peut-être est-ce à cause d'une difficulté à gérer la solitude ou par ennui.

Dans ce cas, je vous redirige vers la partie *"L'HYPERATTACHEMENT"*.

Enfin, je vous invite à revoir les bases de la propreté avec lui afin de consolider les bonnes habitudes chez lui. Pour cela, la partie *"LA MALPROPRETÉ"* est faite pour vous !

CHIEN QUI MONTE SUR LES MEUBLES, CANAPÉS, GENOUX

Avant de commencer, sachez que ce comportement n'est une déviance que *si vous le décidez*. Je connais beaucoup de personnes pour qui laisser un chien monter sur le canapé n'est aucunement un problème. C'est à vous prendre la décision et de personnaliser en fonction de vos préférences. Il faudra juste veiller à rester constant.

1- LES SOURCES DU PROBLÈME

Ce qui peut vous arriver c'est d'adopter un chien de refuge ayant déjà cette habitude. Dans ce cas, que s'est-il passé ? Voici une mise en situation plausible :

Lorsqu'il était chiot, votre chien avait l'autorisation de monter sur les meubles, genoux, ou canapés, mais au moment du passage à l'âge adulte, les référents ont décidé du jour au lendemain de le lui interdire. En cause : sa corpulence beaucoup trop importante.

Face à cette situation incompréhensible, le chien a commencé à stresser et a montré des signes d'inconfort se matérialisant par des grognements. La famille, commençant à en avoir peur et ne comprenant pas le langage canin, a donc décidé d'abandonner le chien.

Cette histoire est bien plus que plausible... *Elle est réelle !* De nombreux chiens sont abandonnés sur les mêmes bases, et se retrouvent en refuge pour un problème qui peut se résoudre en quelques actions simples et un peu de patience.

Si vous avez un chiot, c'est exactement la même chose. Vous lui avez donné à un moment ou à un autre, consciemment ou inconsciemment, l'habitude d'adopter ce comportement. Maintenant, vous essayez de lui retirer cette habitude *sèchement*, chose qu'il n'apprécie guère et qu'il extériorise par des grognements.

2- LE PLAN D'ACTION

Il faut surfer sur la psychologie de votre chien. Pour cela, il faut utiliser le principe n°1 en éducation positive scientifique. Vous le connaissez désormais, je ne vais pas vous le rappeler.

Dans un 1er temps, vous allez apprendre à votre chien l'ordre "*monte !*"

Pour cela, il vous suffit de vous munir d'une friandise, de la pointer au niveau de sa truffe, et de le guider vers votre canapé tout en lui disant "*monte !*" Dès qu'il est sur le canapé, félicitez-le par la voix puis, avec cette même friandise, guidez-le vers l'extérieur du canapé tout en lui disant "*descends !*" Dès qu'il est descendu, félicitez-le par la voix, les caresses, et donnez-lui sa friandise.

Répétez plusieurs fois le duo *"monte/descends"* pour qu'il l'assimile bien.

Enfin, à chaque fois qu'il monte sur le canapé de sa propre initiative, demandez-lui de descendre et à chaque fois qu'il descend félicitez-le.

Ensuite, je vous invite à le féliciter par la voix lorsqu'il est par terre et que vous êtes assis sur le canapé. Vous pouvez même, s'il garde une attitude calme et sereine dans la zone que vous tolérez, lui donner une friandise. Il comprend alors que rester en dehors du canapé est une chose positive, puisqu'il reçoit des récompenses.

Veillez à terme à lui donner une friandise une fois sur deux, puis à remplacer les friandises par des félicitations par la voix et des caresses pour toujours.

Lorsque vous adoptez cette approche, votre chien ne grognera pas, bien au contraire, il sera motivé et appréciera ce nouveau processus d'apprentissage.

CHIEN QUI QUÉMANDE À TABLE

Si votre chien quémande à table, c'est parce que soit vous (si vous avez un chiot), ou son ancienne famille (si vous avez un chien de refuge) lui en a donné l'opportunité.

Cela se fait très vite. Souvent, lorsque le chien est chiot, on trouve judicieux de donner quelques restes à son chien en prétextant : *"oui mais... Un petit bout comme ça ne lui fera pas de mal"*.

Mis à part le fait qu'il faut éviter de lui donner une nourriture autre que la sienne, effectivement ça ne lui fera pas de mal, mais ça vous fera du mal à vous ! Car lorsque le chiot va grandir, il trouvera légitime de venir quémander à votre table. Le problème étant qu'il deviendra de plus en plus insistant, ce qui commencera sérieusement à vous agacer.

Sous prétexte que c'est un chiot, on crée nous-mêmes des déviances de comportement que l'on va devoir affronter à l'avenir : c'est tout bonnement se tirer une balle dans le pied !

Une autre cause expliquant ce comportement se retrouve dans les 8 premières semaines de vie du chiot. Il est possible que votre chiot ait eu des difficultés à se restaurer, ce qui a pu enclencher chez lui une certaine protection de ressource vis-à-vis de la nourriture.

Le problème du chien qui quémande devient un problème secondaire lié à la protection de ressources et dans ce cas, je vous invite à appliquer les conseils de la partie *"LA PROTECTION DE RESSOURCES VIS-À-VIS DE LA NOURRITURE"* en complément de ceux que je m'apprête à vous donner.

Un chien qui quémande est un chien qui a pris l'habitude de quémander. C'est donc un comportement à défaire, voyons ensemble comment procéder.

2- LE PLAN D'ACTION

La 1re étape est d'observer votre chien. Le fait-il le matin comme le soir ? Ou uniquement le midi ? A-t-il mis en place un rituel avant de venir vers vous ? Observe-t-il ? Chouine-t-il ? Aboie-t-il ?

Lorsque vous aurez observé votre chien, cela vous permettra d'optimiser et passer à l'étape 2 qui est la suivante :

Définissez autour de votre table un "no dog's land", c'est-à-dire une zone de 1 mètre où votre chien n'aura pas la possibilité de rentrer. Sur cette base et à chaque fois qu'il vient quémander, demandez-lui d'aller au panier. Dès qu'il y est, félicitez-le par la voix et envoyez-lui une petite friandise. S'il refuse d'y aller, pas de panique. Il vous suffit de vous lever, de vous munir d'une friandise et de le guider vers son panier tranquillement.

Dès qu'il est au niveau de son panier, demandez-lui un "assis", et félicitez-le tout en lui donnant sa friandise.

Vous l'aurez compris, l'objectif est que votre chien reste à distance au moment des repas, mais que cela soit agréable pour lui. S'il comprend qu'en restant à distance il obtient de bonnes choses de votre part lorsqu'il est calme, il va continuer d'adopter le bon comportement.

Au final, il va juste s'approcher à une distance maximale de 1 mètre et attendre en se couchant. Dans ce cas, félicitez-le par la voix et une friandise (plus qu'une fois sur 2). Veillez à terme à ne lui donner que des félicitations par la voix.

Je sais que pour certaines personnes, le fait que le chien se couche en dessous de la table est suffisant ; si vous pensez que c'est une bonne solution, vous pouvez l'appliquer, ce n'est pas un problème. Le plus important est qu'il ne quémande pas.

Il est nécessaire de rester cohérent. Ne lui donnez pas de mauvaises habitudes dans d'autres situations, par exemple en lui donnant quelques bouts pendant que vous grignotez, autrement, votre chien sera perdu et ne saura pas où donner de la tête.

Enfin, soyez constant dans l'application des exercices et optimisez au besoin.

CHAPITRE 3 – GESTION DES CAS EXCEPTIONNELS

INTRODUCTION

Certaines déviances de comportement sont le fruit d'un contexte qu'on ne maîtrise parfois pas. Comme vous le savez, vous et votre chien, vous évoluez dans un environnement. Cet environnement, vous ne pouvez pas le contrôler, mais vous pouvez vous y adapter.

Les cas que nous allons traiter dans ce chapitre font partie de cette situation. Dans cette optique, il est nécessaire d'appliquer et comprendre le concept de *"thérapie comportementale"*.

QU'EST-CE QU'UNE THÉRAPIE COMPORTEMENTALE ?

La thérapie comportementale, souvent faite par un vétérinaire comportementaliste, consiste à proposer en fonction de la gravité du cas présenté, un support médicamenteux en complément d'exercices rééducatifs. Le support médicamenteux n'est pas là pour droguer le chien, mais pour fonctionner telle une béquille afin d'améliorer le résultat des exercices. Si vous voulez mon avis, je ne suis pas un grand fan des médicaments pour les chiens. Personnellement je pense qu'avec du temps, de l'écoute, de la patience et une bonne alimentation, c'est suffisant pour fonctionner.

Mais même si je ne suis pas d'accord, je reste objectif en vous disant que dans certains cas, il est nécessaire d'utiliser les médicaments. À ce moment-là, c'est à votre vétérinaire de vous indiquer la marche à suivre.

Beaucoup vous diront que la thérapie comportementale s'applique à l'ensemble des déviances de comportement, et pas seulement à celles que je vais présenter dans ce chapitre. Je ne suis pas d'accord.

Il y a des déviances maîtrisables, que l'on peut régler soi-même en ayant juste les bonnes informations ; et des déviances où il est nécessaire d'avoir un avis extérieur avec un suivi professionnel de proximité plus appuyé. C'est le cas par exemple du syndrome Hs-Ha (Hypersensibilité-Hyperactivité), ou du syndrome de privation sensorielle.

C'est pour ça que j'estime qu'une thérapie comportementale (dans la pratique et non dans la théorie), doit être réservée uniquement aux cas que je vais vous présenter maintenant.

LE SYNDROME HS-HA

1- DÉFINITION DU SYNDROME

Sur une base théorique, les chiens atteints de ce syndrome sont sensibles à tout et réagissent au moindre élément extérieur :

- Clé ;

- Bruit de voiture ;

- Mouche ;

- Etc.

L'attention d'un chien Hypersensible-Hyperactif fait partie des cas les plus extrêmes, ce qui pose des difficultés d'apprentissage et d'ancrage des bons comportements.

Qui dit attention dit forcément gestion de l'énergie. Le chien Hs-Ha donne l'impression d'avoir une énergie illimitée. Que ce soit à l'intérieur de la maison comme à l'extérieur, il joue, mordille, vole, mange et ne possède aucune sorte d'auto-contrôle.

Les 2 problèmes les plus notables de ce syndrome sont celui de la morsure non inhibée et de l'hyperattachement.

En effet, le chien Hs-Ha ne contrôlant pas sa morsure, tant par réflexe que par le jeu, celle-ci peut causer de graves dommages, notamment si la victime est un enfant.

D'autres comportements peuvent survenir, comme la malpropreté, la destruction, les nuisances sonores, la protection de ressources (nourriture, humain, etc.), les troubles obsessionnels compulsifs (ou TOC), ou la création d'une ou plusieurs phobies.

Ce qu'il faut retenir, c'est qu'un chien atteint du syndrome Hs-Ha est un chien presque infatigable, qui n'a pas la possibilité de pouvoir se contrôler et d'apprendre des ordres de base, il est donc très compliqué de l'adapter à la vie domestique. Sans compter que ce type de chien se retrouve très (trop) facilement en refuge. Vous ajoutez donc à sa problématique principale un manque de stabilité émotionnel qui renforce ce cocktail déjà destructeur.

Bien, ça c'est dans la théorie. Mais en pratique ?

Je tiens à attirer votre attention sur un élément important. On dépeint toujours ce syndrome dans un profil plus qu'extrême (celui que je viens de vous présenter), mais j'ai remarqué que de nombreux chiens peuvent souffrir de ce syndrome sans avoir pour autant tous les symptômes de celui-ci. Ils en souffriront à un degré moindre.

Certains chiens auront de très grandes difficultés à rester seuls, tandis que d'autres auront une peur tétanisante.

De plus, l'idée selon laquelle un chien Hs-Ha a un trouble d'attention n'est pas vrai dans tous les cas. Je me suis occupé de chiens dans l'association atteints de ce syndrome qui certes, étaient hyperactifs, mais qui avaient une faculté d'apprentissage plus élevée que la moyenne.

Il est donc important de ne pas formater ce syndrome au profil théorique comportemental que je vous ai présenté auparavant, mais de l'adapter à la situation de votre chien.

Effectivement, certains chiens souffrent des cas les plus extrêmes, mais ça reste un faible pourcentage.

2- LES SOURCES DU SYNDROME

On a remarqué que les sources de ce syndrome font référence aux premières semaines de vie du chiot. Si c'est un chiot unique, que la portée est beaucoup trop nombreuse, que la mère ne s'occupe pas de ses petits ou que l'éleveur a séparé le chiot trop tôt de sa mère, ce sont autant d'éléments qui peuvent prédisposer le chiot à souffrir de ce syndrome.

Le rôle de la mère est capital dans le futur du chiot, et séparer la mère trop tôt de ses petits, c'est se heurter à des conséquences parfois très graves à l'avenir, tant pour le chiot que pour la famille qui va l'accueillir.

Un chien est adoptable à partir de 8 semaines. Il quitte donc sa mère à cet âge précisément. Si vous adoptez un chiot, veillez à observer si sa mère s'en occupe correctement, et s'il est dans un cadre suffisamment riche en stimulations.

Il est de la responsabilité de l'éleveur d'éviter que ses chiots souffrent de ce syndrome. Cependant, il est de votre responsabilité de veiller à ce que l'éleveur que vous choisissez soit en cohérence avec ses obligations.

4- TRAITEMENT DU SYNDROME

Comme je l'ai dit auparavant, dans les cas les plus extrêmes où des problèmes d'hyperactivité et d'attention sont notables, il peut être décidé de prescrire au chien un soutien médicamenteux, afin de renforcer le résultat des exercices quotidiens.

Tout va dépendre du niveau où se trouve votre chien dans ce syndrome. Est-ce un niveau faible ? Moyen ? Fort ?

L'un comme l'autre, il est souvent nécessaire d'adapter l'environnement du chien :

- En définissant une pièce pour limiter les erreurs, notamment lors des absences (voir le tome 1 de mon livre pour savoir comment faire) ;

- En le dépensant mentalement et physiquement par l'intermédiaire de TRICKS, jeux intelligents, tapis de fouille, sports canins (cani-cross, cani-vtt, dog-dancing, etc.) ;

- En travaillant avec lui les autocontrôles et en pratiquant l'inhibition à la morsure ;

- En utilisant la musique et les ondes positives pour pouvoir l'apaiser (la pratique du doga est un plus dans ce processus) ;

- En adoptant une attitude calme et sereine basée sur la compréhension, l'observation, et la positivité pour avoir de bons résultats. Il n'est pas question d'adopter une méthode traditionnelle (obsolète) pour régler ce genre de problème.

(Et plus généralement, il n'est pas question d'adopter une méthode traditionnelle tout court en éducation canine.)

Posez-vous toujours des questions ouvrantes et usez de ce livre comme un support pour pouvoir vous aiguiller afin de résoudre ce problème.

Si votre chien a une faculté d'apprentissage forte (ce qui est très fréquent pour des cas modérés), capitalisez dessus pour lui permettre d'évoluer avec vous !

Soyez patient et appréciez votre processus d'évolution avec votre chien, en oubliant la finalité de tout ça : *régler les conséquences de ce syndrome*. Car c'est dans la résolution des problèmes que se cachent les bénéfices d'une relation saine avec votre toutou et non dans le résultat final.

LE SYNDROME DE PRIVATION SENSORIELLE

1- DÉFINITION DU SYNDROME

Ce syndrome est la manifestation d'une incapacité du chien à s'adapter correctement à son environnement, à cause d'une peur excessive du contexte dans lequel il évolue et des éléments qui le caractérisent.

Il sera méfiant de tout ce qu'il va rencontrer, que ce soit des enfants, des humains, des bruits, ou des objets, et vivra dans une peur permanente, qu'il aura besoin d'évacuer (surcharge émotionnelle). Cela peut se traduire par de la destruction, des vocalises, ou de la malpropreté.

2- LA SOURCE DU SYNDROME

De 14 à 21 jours, le chien rentre dans sa période transitoire qui se caractérise par l'éveil des sens : il commence à voir et entendre. Puis, de 21 jours jusqu'à 3 mois, il rentre dans sa période de socialisation et d'imprégnation.

C'est 2 périodes sont les plus importantes dans la vie d'un chiot, car c'est à ce moment-là qu'il découvre les éléments de son environnement et qu'il s'y habitue.

Le syndrome de privation sensorielle, comme son nom l'indique, prive le chien de sa proximité avec les éléments extérieurs. Résultat : il n'a pas l'opportunité de connaître leur existence et de s'y habituer correctement.

Pire encore : passé 3 mois, il commencera à s'en méfier et à en avoir peur de manière excessive.

Tout comme le syndrome Hs-Ha, le syndrome de privation sensorielle se manifeste à des degrés plus ou moins importants en fonction des cas.

Par exemple, certains chiens seront parfaits dans un environnement rural, mais très angoissés dans un environnement urbain, et vice-versa.

3- PRÉVENIR LE SYNDROME

Lorsque vous récupérez votre chiot, il a 2 mois. Cela signifie qu'il vous reste 1 mois pour l'imprégner des divers bruits, objets et êtres vivants de votre quotidien, à l'intérieur comme à l'extérieur. Mais ce qui est encore plus intéressant, c'est que plus de la moitié de ce travail d'imprégnation et de socialisation est faite par l'éleveur. En effet, si l'éleveur ne stimule pas correctement le chien aux éléments qu'il peut potentiellement rencontrer dans sa future vie, alors les chances pour qu'il en ait peur augmente.

Il est donc nécessaire de choisir un éleveur qui sera apte à pouvoir habituer le chiot correctement aux éléments qu'il sera amené à côtoyer. Gardez en tête qu'un chien élevé à la campagne sera beaucoup plus à l'aise (au début) à la campagne qu'en ville et vice-versa. Lorsque votre chiot arrive chez vous, votre priorité est de compléter cette socialisation et imprégnation, avec les éléments de votre environnement quotidien (pour cela, je vous redirige vers le tome 2 de mon livre).

4- TRAITEMENT DU SYNDROME

La première étape est d'observer votre chien et de lister l'ensemble des éléments qui le font réagir. Lorsque c'est fait, il vous suffira de l'habituer à son rythme, et au cas par cas, aux éléments que vous avez listés. Pour cela, je vous invite à appliquer l'ensemble des exercices de la partie : *"PEUR DES BRUITS ET OBJETS"* et *"L'AGRESSIVITÉ ENVERS LES CONGÉNÈRES"*.

Comme dans toute résolution de problèmes, la patience est un élément important de la recette vers le succès. Tâchez d'en user avec excès !

LES DÉVIANCES DE COMPORTEMENT À LA SUITE DE L'ARRIVÉE D'UN(E) CONJOINT(E)

1- INTRODUCTION

Nous n'allons pas nous rendre compte que certaines actions de notre part sont injustes, jusqu'au moment où un avis extérieur va dénoncer les conséquences de ces mêmes actions. Le chien, bien qu'ayant des difficultés à nous comprendre, fait des efforts "surhumains" pour y arriver. Mais nous, que faisons-nous pendant ce temps ? Il est de la responsabilité de tout un chacun de se poser la question. L'arrivée d'un conjoint ou d'une conjointe en est l'illustration parfaite.

2- LES SOURCES DU PROBLÈME

Souvent, lorsqu'une personne rencontre quelqu'un et décide de vivre avec, le chien passe du premier au second plan, et cela se traduit par le retrait du chien des zones où il a l'habitude d'aller comme le canapé, ou le lit (pour les personnes acceptant ces zones dans un contexte domestique). Sans compter sur les exigences (et caprices) d'un nouveau ou d'une nouvelle venue qui, vis-à-vis du chien, n'a aucune légitimité à imposer quoi que ce soit pour l'instant.

Le problème n'est pas de défaire les habitudes du chien pour en refaire de nouvelles, mais plutôt de changer les habitudes du chien du jour au lendemain sans respect de sa personne.

Prenons un exemple : imaginons une jeune fille qui avait l'habitude de dormir avec son chien tous les soirs, et qu'un beau jour, elle rencontre quelqu'un et qu'ils décident de vivre ensemble, chez elle. Dans ce cas, il n'y a plus assez de place sur le lit pour elle, son chien, et son conjoint.

Elle décide donc, du jour au lendemain, de retirer son chien du lit pour laisser la place à son conjoint.

Le chien ne comprend pas ce qui se passe, car hier, il dormait dans un endroit sécurisant pour lui, auquel il est habitué depuis très longtemps et subitement, on lui retire cet emplacement sans son accord.

Comprenez dans ce cas, que cette fille génère dans la psychologie de son chien un fort déséquilibre émotionnel. Il se sent perdu, ne comprend pas ce qui se passe, et va commencer à développer des déviances de comportement, pouvant se traduire par une protection de ressources vis-à-vis du lit (il essaye de garder ses habitudes, sa sécurité, ses bénéfices), mais également par un mauvais lien de cause à effet entre la présence du conjoint et sa mise en retrait de certains éléments (ne voyez ici aucune forme de jalousie, car la jalousie n'existe pas chez le chien), d'autant plus qu'on ne lui a donné aucune indication sur la zone où il pourrait se replier.

Tout cela parce qu'aucune transition n'a été faite pour montrer au chien où il faut aller désormais.

Lorsque vous voulez changer l'environnement ou les habitudes d'un chien, vous devez le faire progressivement et avant l'arrivée d'une nouvelle personne dans son quotidien.

Dans la mesure du possible, veillez à ce que votre chien connaisse la personne avant qu'elle n'arrive chez vous. Faites en sorte qu'elle vienne de manière occasionnelle en le félicitant à chaque fois qu'il voit la personne. Vous pouvez aussi laisser votre chien s'approcher et faire connaissance avec elle, pour que celle-ci puisse, à terme, jouer avec lui et le récompense lorsque c'est possible.

Par la suite, la personne en question (notamment les premiers jours) rentre dans une phase de connaissance plus approfondie avec votre chien. En aucun cas, elle ne doit imposer des règles à votre chien car elle n'a aucune légitimité pour le faire. Au contraire, elle doit s'adapter à la situation actuelle, ce n'est pas à elle de faire des modifications mais plutôt à vous !

L'observation, la positivité et la patience seront de rigueur pour observer toute émergence d'une déviance à la suite de l'arrivée d'un ou d'une conjointe. En fonction de la déviance, il vous suffira de l'identifier et de lire la méthode à suivre dans les parties du livre s'y réfèrent.

Avant de commencer, si, pour vous comme pour votre conjoint, ce n'est pas un problème que votre chien dorme dans votre lit ou monte sur le canapé, alors c'est très bien. Veillez juste à garder cette cohérence, et si un jour, vous décidez que ce n'est plus le cas, appliquez les exercices ci-dessous.

DANS LE CAS OÙ VOUS ANTICIPEZ L'ARRIVÉE DE VOTRE CONJOINT(E)

Apprenez à votre chien les ordres *"monte"* et *"descends"* que je vous invite à revoir dans la partie ***"CHIEN QUI MONTE SUR LES MEUBLES, CANAPÉS, GENOUX"***.

Lorsque c'est fait, positionnez le panier de votre chien quelque part dans votre chambre, puis en journée, dites-lui de descendre de votre lit et d'aller dans son panier tout en le félicitant lorsque c'est le cas. Si vous voyez qu'il y reste pendant plusieurs minutes, félicitez-le par la voix, dirigez-vous vers votre lit et vaquez à vos occupations. Si vous voyez qu'il est toujours dans son panier (par ailleurs, vous pouvez l'occuper en lui donnant un jouet) alors félicitez-le, si ce n'est pas le cas et qu'il remonte sur votre lit, demandez-lui de descendre.

Ensuite, faites le même exercice mais 20 minutes avant d'aller vous coucher. En effet, le contexte diffère la nuit car l'habitude de votre chien se manifeste au moment du coucher et non en journée, il est donc important de pratiquer l'exercice dans le créneau horaire qui nous intéresse.

Lorsqu'il a réussi à acquérir le bon comportement, éloignez progressivement le panier de votre chambre (par exemple de 1 mètre par jour ou tous les 2 jours), pour le positionner dans son aire de repos définitive.

Je vous invite de temps à autre à mettre quelques friandises dans son panier pour qu'il puisse s'y habituer. En complément, vous pouvez également travailler les exercices de la partie "*L'HYPERATTACHEMENT*".

Lorsque votre conjoint(e) arrivera, veillez à ne pas mettre votre chien en retrait, mais plutôt à intégrer la personne avec qui vous vivez, dans le quotidien et les activités que vous avez avec votre chien. C'est la personne qui s'adapte, et non votre chien.

Dans ce cas, je vous invite à observer le comportement de votre chien, et à détecter les moments qu'il n'arrive plus à gérer. Mettez-vous à sa place et accompagnez-le progressivement.

Il serait judicieux de dire à la personne avec qui vous vivez de dormir quelques jours autre part dans la maison pour pouvoir pratiquer les exercices précédents. Puis, lorsque vous êtes dans la phase où le chien dort à l'extérieur de la chambre, vous pourrez faire revenir votre conjoint(e). En bonus, je vous conseille vivement de faire participer la personne dans ce processus de changement.

Le secret lorsque vous vivez avec une nouvelle personne, est de l'habituer à votre chien comme s'il avait toujours été là et vice-versa.

Soyez patient, ce processus peut parfois prendre du temps, mais lorsque c'est acquis, vous n'aurez plus à vous préoccuper du comportement de votre chien, car il adoptera une attitude irréprochable, notamment à l'égard de votre compagne/on, dans la mesure où celui-ci adopte le bon comportement.

LE CHIEN ENDEUILLÉ

1- PRÉSENTATION

Tout comme nous, votre chien peut être endeuillé, que ce soit vis-à-vis de ses congénères, de ses humains, ou de tout autre être vivant avec qui il a tissé un fort lien affectif.

Le chien est un être social par excellence, qui a conscience de qui il est, de la vie et de la mort.

C'est un sujet très controversé, avec d'un côté les personnes qui pensent qu'un chien n'a pas conscience de qui il est vraiment, et de l'autre les personnes insistant sur l'aspect spirituel de cet animal.

Personnellement, je suis convaincu que le chien a conscience de qui il est, qu'il peut ressentir le bonheur comme le malheur, tout comme la vie et la mort, que ses facultés d'analyses sont extrêmement développées, et que son intelligence est sous-estimée à l'excès !

Rappelons-nous qu'il y a quelques décennies seulement, des "scientifiques" pensaient que le chien n'était qu'une machine dépourvue de sentiments, fonctionnant tel un automate. Où sont-ils désormais ? Je me le demande.

À quel moment la nature a-t-elle décidé que l'Homme serait le seul à comprendre les mécanismes de la vie ? Prenez-le comme acquis, le chien a une faculté spirituelle égale, voire supérieure à l'Homme.

Nous avons idéalisé le chien comme un être à 100 % positif, capable d'éliminer la négativité et de ne pas ressentir au plus profond de lui des sentiments sombres. C'est pour moi une grave erreur, car c'est mettre sur les épaules de l'animal une pression énorme qu'il n'a pas demandé.

Souvenez-vous que nous ne faisons qu'interpréter le comportement du chien, mais nous ne sommes pas dans sa tête pour savoir ce qui s'y passe véritablement ; et si souvent nous faisons mouche, il y a certains aspects plus discrets du chien, que nous n'allons pas forcément percevoir tout de suite, ou qui vont nous échapper totalement.

Mais pour ce qui est d'un chien endeuillé, le constat est clair. OUI, le chien peut ressentir des émotions négatives à la suite de la perte d'un proche.

Et il est très simple de le confirmer, il suffit d'observer les chiens victimes d'un deuil.

Dans l'association Toutou Pour Lui, j'ai traité des cas de deuil, et également recueilli plusieurs témoignages à ce sujet. Les chiens souffrant de deuil vis-à-vis de la mort d'un compagnon de vie ont un profil se caractérisant par :

- des chouinements en intérieur comme en extérieur ;

- L'apparition de Troubles obsessionnels compulsifs (ou TOC) ;

- Une difficulté à s'alimenter ;

- Des destructions ou malpropreté ;

- Un hyper-attachement plus marqué pour le référent affectif ;

- Un manque de dynamisme ;

- Etc.

Cette liste est bien évidemment non-exhaustive, mais vous avez les grandes lignes vous permettant de vous faire une idée.

À noter que l'apparition de ces divers troubles se produit au moment de la perte de l'être, ce n'est donc pas une "coïncidence".

Proximité, écoute, dynamisme sont les éléments les plus importants pour pouvoir régler le problème. Comme vous le savez, il y a un autre élément qui est le temps. Eh oui… Le temps guérit les blessures de l'âme et cela vaut également pour votre toutou adoré.

Mais comprenez qu'il est important de maintenir du mouvement dans la vie de votre chien. Ce qui est le plus destructeur pour un organisme, c'est de ressasser en boucle des pensées négatives. Il faut donc changer les idées de votre toutou et pour cela, vous devez lui trouver de nouvelles activités, changer ses habitudes, en bref, lui permettre de renouer avec la vie !

Vous pouvez opter pour des sports canins, lui apprendre de nouveaux tricks, passer une playlist de musique motivante à la maison, pratiquer le doga avec lui, changer la déco de votre intérieur, ou lui faire faire de nouvelles rencontres avec de nouvelles personnes et congénères. Une technique que beaucoup appliquent est d'adopter un nouveau compagnon pour son chien. Si vous avez les moyens et le temps pour, alors c'est une très bonne idée : laissez votre imagination s'exprimer.

Tout ce qui est nouveau pour votre chien est le bienvenu. Veillez également à faire attention à votre état émotionnel, car si votre toutou est endeuillé, il y a de forts risques pour que vous le soyez aussi, et il le ressentira.

LE CHIEN DÉPRESSIF

1- PRÉSENTATION

Un chien endeuillé peut être dépressif. Mais un chien dépressif n'est pas obligé d'être endeuillé. Des chiens dépressifs, il y en a partout ! D'après vous, où pouvez-vous en trouver ?

Bingo ! Dans les refuges ! Eh oui malheureusement, à la suite d'un abandon, ne vous imaginez pas que les loulous vont péter la forme ! De nombreux toutous présentent des caractéristiques comportementales proches de celles que nous avons vues dans la partie précédente.

À la maison, votre chien peut être dépressif à la suite d'une rupture amoureuse entre vous et votre conjoint(e), à la suite d'un déménagement, d'un lourd changement d'habitudes, ou du manque de rencontres avec des copains ou des copines.

2- LE PLAN D'ACTION

Le plan d'action est exactement le même que pour le chien endeuillé. Plus vous changez les idées de votre animal, mieux il réussira, avec vous, à passer cette épreuve difficile. On pourrait se dire que la dépression chez un chien se guérit beaucoup plus rapidement qu'un deuil. La réponse dépend de la gravité de la dépression, un chien dépressif peut se laisser mourir : c'est arrivé, ça arrive en ce moment, et ça continuera d'arriver malheureusement.

L'accompagner, l'observer, et le stimuler dans cette épreuve difficile sont les meilleures choses à faire.

Mais faites tout de même attention à ne pas rentrer dans un soutien "médicamenteux" lourd, consistant à "droguer" votre chien pour lui permettre de mieux dormir ou de mieux dépasser sa dépression, ça risque de le rendre totalement dépendant aux médicaments : il rentrera alors dans un cercle vicieux d'où il sera difficile de sortir.

LE CHIEN QUI NE MANGE PAS

1- PRÉSENTATION

Parfois, le chien peut ne plus manger du tout. Bien que parfois, la piste médicale soit privilégiée, il est possible que le chien ne mange pas par détresse émotionnelle.

Cela peut être à la suite d'un changement de son environnement, de la perte d'un proche, ou de troubles de l'alimentation.

2- LE PLAN D'ACTION

Consultez votre vétérinaire au plus vite pour écarter la piste médicale. Lorsque c'est fait, vous pourrez vous concentrer sur la piste psychologique.

En complément de la stimulation mentale et physique dont nous avons discuté dans la partie traitant du deuil, je vous invite à tester et changer (si c'est nécessaire) l'alimentation de votre chien. En effet, pour certains chiens, le changement d'alimentation suffit à régler le problème.

Veillez tout de même, lorsqu'il se remet à manger, à procéder à une transition alimentaire, en intégrant les anciennes croquettes à l'intérieur.

Le passage au cru est également une bonne approche à adopter, en sachant que l'alimentation crue est la meilleure pour le chien !

Si vous voulez rester aux croquettes, une technique intéressante réside dans le fait de verser un petit peu d'eau tiède sur les croquettes, pour faire ressortir la bonne odeur de celles-ci.

J'ai déjà eu certains chiens qui ne mangeaient pas dans les gamelles, mais préféraient manger par terre, dans une assiette ou bien dans des balles de jeux. Je vous invite donc à faire des tests pour savoir ce qui pourrait marcher pour votre chien.

Changez d'environnement si c'est nécessaire, voyez s'il arrive à manger dans vos mains, demandez-vous s'il mange en votre présence ou au contraire, lors de vos absences.

Exceptionnellement, laissez ses croquettes disponibles toute une journée pour établir une phase d'observation et voir à quelle période de la journée il mange, puis calquez-vous dessus pour lui redonner une routine alimentaire comme celle du tome 2 de mon livre.

Vous l'aurez compris, le maître mot lorsque votre chien ne souhaite plus manger est : tester, tester, TESTER !

LA PROCHAINE ÉTAPE ?

La prochaine étape est de profiter de la relation que vous avez avec votre chien. Chaque instant de cette vie est précieuse, n'en gâchez aucune ! La vie est un cadeau, votre chien l'est aussi. Souvenez-vous de la chance que vous avez de l'avoir car lui il s'en souvient tous les jours.

Ne laissez pas de place aux regrets dans votre vie, vivez avec courage, passion et amour. Soyez fier de votre chien, fier de vous, fier de votre aventure.

Souvenez-vous que les échecs sont des moyens d'apprendre, de se remettre en question, de se comprendre et d'arriver au succès. Si une difficulté se met en travers de votre route, c'est parce que la vie estime que vous êtes capable de la relever. Autrement, elle ne se serait pas présentée à vous !

Aimez ce que vous faites, et faites ce que vous aimez, en tout temps, en tout instant.

Votre chien est un être divin, vous également. Respectez-le et il vous respectera.

Vous n'avez désormais plus besoin de moi, faites-vous confiance, tout ira pour le mieux.

Belle vie !

TABLE DES MATIÈRES

REMERCIEMENTS

Nous y voilà ! La fin du tome 3, qui met un terme à la suite "Comment accueillir son chiot étape par étape". Début 2020, je me suis mis en tête d'écrire un livre, je n'avais alors aucune expérience dans ce domaine. Mais par passion et amour de la vie, j'ai plongé dans l'inconnu, j'ai appris et j'en suis arrivé à la conclusion que c'est en apprenant que l'on devient, que c'est en lisant que l'on applique, et que c'est en observant que l'on y arrive.

Plus d'un an après, j'en suis à mon 3e livre. Je tiens à remercier bien évidemment ma famille, mon équipe, mon association et toutes les personnes qui me suivent.

Mais je tiens surtout à me remercier moi ! Je me remercie donc d'avoir tenu jusqu'au bout malgré les doutes et les difficultés, d'avoir été là quand ça n'allait pas et quand personne ne le savait, je me remercie de vivre et d'être qui je suis.

On a trop souvent tendance à se rabaisser et à ne pas se satisfaire de qui on est vraiment. Aimez-vous, et montrez-le. La vie est trop courte pour ne pas s'aimer et faire l'erreur de s'aimer à travers une autre personne. Vous n'avez besoin de rien ni de personne pour reconnaître votre vraie valeur, vous êtes un être divin, vivez-le ; l'avis des autres n'a aucune sorte d'importance !

Apprenez à vous connaître, ayez de la gratitude pour ce que vous avez, faites pour les autres ce que vous aimeriez que l'on vous fasse, profitez de chaque seconde de votre vie, restez simple et authentique dans tout ce que vous entreprenez, et jamais vous ne manquerez de quelque chose. Voilà les règles du succès.

À bientôt.

L'AUTEUR

Irvin J. DEFFIEU est un entrepreneur, né le 03 décembre 1995 en Guadeloupe. Ayant passé l'ensemble de son enfance avec les animaux : chiens, chats, lapins, poules, canards, chèvres, moutons, vaches, chevaux, c'est en toute logique qu'il a dédié sa vie à la lutte contre l'abandon et au respect des animaux. Informaticien de formation, Irvin use de ses talents en programmation pour développer le mouvement « Toutou Pour Lui » sur 3 créneaux : la sensibilisation, l'éducation et l'union.

En plus d'être le fondateur de « Toutou Pour Lui », Irvin est également le fondateur d'un nouveau type d'éducation : L'éducation positive scientifique (ou EPS+) qui apporte une dimension de réflexion et d'analyse beaucoup plus poussée que les autres types d'éducation existant à ce jour dans le domaine.

La devise d'Irvin est simple : "lorsqu'on arrive à un résultat, on optimise parce qu'on peut toujours faire mieux, et lorsqu'on arrive à un échec, on optimise parce qu'il faut faire mieux."

Irvin vit actuellement à Lille et permet chaque jour à des centaines de personnes d'améliorer la relation et la confiance qu'elles construisent avec leur animal. Pour le contacter : irvin.deffieu@toutou-pour-lui.com ou coach@toutou-pour-lui.com

AVEZ-VOUS LU LES 2 PREMIERS TOMES ?

REJOIGNEZ-NOUS

Notre groupe Facebook : " éducation positive pour les chiens [Officiel] – Toutou Pour Lui " - https://www.facebook.com/groups/221958681690197/

Notre chaîne YouTube : " Toutou Pour Lui TV " - https://www.youtube.com/c/toutoupourluitv

Notre chaîne FM/Podcast : "Toutou pour Lui FM " - https://anchor.fm/toutou-pour-lui